Radici di Criminalità

CAPITOLO UNO : Le domande socratiche IN BROADMOOR .

" Psicopatici ", sono all'estremo . Lo strumento più utilizzato per diagnosticare

" Disturbo Antisociale di Personalità " è una scala chiamata " Hare

Psicopatia Checklist " , ideato dallo psicologo canadese Robert D.

Hare . C'è un punteggio di taglio sopra il quale si è data la diagnosi

di Disturbo Antisociale di Personalità . E , all'interno di tale diagnosi, se si

raggiungere l' altissimo punteggio di 30 si è dato l'ulteriore diagnosi di

" Psicopatia " . Qualcosa spesso detto di coloro che sono chiamati psicopatici ,

e per estensione sugli altri all'interno della categoria più generale, è che

non hanno una coscienza .

Questa affermazione è intrigante . Ci sono davvero persone che mancano completamente

una coscienza ? In caso affermativo , come si può realizzare ? Sono nati con

Manca qualcosa ? Oppure succedere qualcosa a loro che distrugge

la loro coscienza ? Più fondamentalmente , cosa significa dire che

essi " non hanno una coscienza " ?

L'etica è ancora insegnata

con il metodo inventato da Socrate . Questo inizia chiedendo alla gente

le loro convinzioni circa giusto e sbagliato , premendo loro di indicare quelle

credenze con la massima chiarezza e esplicitezza . Poi sono

sfidati a difendere la propria posizione di fronte controesempi e

opposte tesi . Lo studente è spinto in un cammino di

auto-esplorazione , piuttosto che essere dato " le risposte" dal

insegnante . Alcuni studenti , quelli che pensano di essere insegnato viene data

informazioni o conclusioni da asporto , sono sconcertati da questo e dubitano

che viene insegnato correttamente . Sia come sia, l' insegnante impara molto circa gli studenti , in particolare sui molto diversa

strutture di credenza morale e gli stili di pensiero morale che la gente

avere. Questo include opinioni molto diverse su ciò che è essere guidati

dalla propria coscienza.

Per dire che le persone con disturbo di personalità antisociale mancano di un

coscienza potrebbe significare una o più delle diverse cose . Potrebbe significare

che mancano di qualsiasi empatia per gli altri : che non possono immaginare

come altre persone si sentono . Oppure potrebbe significare che non hanno simpatia : che

si possono immaginare i sentimenti di , per esempio , quelli che male , ma

non si preoccupano di loro . Si potrebbe dire che non si sentono colpa. esso

potrebbe essere che mancano alcuni concetti morali , come " crudele" ,

, " Disonesti ", "diritti ", " abusive " o "egoista " . Oppure potrebbe significare che

manca loro un senso di identità morale : una concezione del genere di

persona che sono , o del tipo di persona che sperano di essere , insieme

con un insieme di valori guida che concezione . Sembrava che l'

coscienza o la mancanza di coscienza di questo gruppo di persone è stato un

promettente campo di indagine .

Dr. Gwen Adshead , uno psichiatra che lavora al Broadmoor Hospital, ha

molti pazienti con diagnosi di disturbo di personalità antisociale .

Io e lei pensa che abbiamo condiviso un interesse per la loro moralità o la mancanza di esso ,

e abbiamo ideato congiuntamente un progetto per studiare queste domande

alcuni di quelli in Broadmoor con questa diagnosi .

Gwen Adshead ha effettuato una serie di interviste , in ultima analisi, sulla base di

Idea di Carol Gilligan di un '"etica della cura " , ma adattato in un

strumento di indagine , la " etica della cura Interview" , dal Dr. Eva Skoe .

Il nucleo di questo è la valutazione della risposta della gente alla morale

dilemmi presentati per mezzo di brevi storie.

Ho usato una serie di interviste per cercare di sondare la moralità delle persone e

I valori per mezzo di domande basate su quelli utilizzati per insegnare l'etica .

Sereno in omaggio all'inventore dell'approccio , ma forse con un

tocco di pretenziosità , ho chiamato questa serie " il socratico

interviste " . Questo conto delle relazioni su queste interviste " socratica ". a

introdurli , dirò un po 'di disturbo antisociale di personalità

e poi delineare brevemente il contenuto delle interviste e la guida

domande dietro di loro .

1 . Disturbo Antisociale di Personalità .

Come categoria psichiatrica , disturbo di personalità è importante e

frustrante . Ci sono diversi disturbi di personalità . Elenchi variano,

ma la maggior parte includono Disturbo Narcisistico di Personalità , Schizoid

Disturbo di Personalità , Disturbo Borderline di Personalità e antisociale

Disturbo di Personalità . Definizioni di ciascuno di questi tendono ad essere vaghi .

Definizioni tipiche della categoria generale di " Disturbo di Personalità "

consultare " profondamente radicata , modelli disadattivi di comportamento che

causare disagio a coloro che li hanno o ad altri. " (CONTROLLO E PREVENTIVO

QUI DA DSM O ICD).

Tali conti comprendano qualcosa di importante , ma sono pieni di

problemi . La parola " disadattivi " suona scientifica , forse come un

idea derivata dalla sopravvivenza darwiniana . Ma ha anche un preoccupante

suggerimento non rientrano bene con le norme sociali prevalenti. su questo

base , in tempi diversi , di essere un dissidente in Unione Sovietica , un ateo in Arabia Saudita o un comunista negli Stati Uniti potrebbe

qualificarsi qualcuno per avere un disturbo di personalità . " Maladaptive " , anche

nel senso darwiniano più letterale di non essere favorevole alla sopravvivenza

in un ambiente particolare , possono comprendere ancora troppo. profondamente

coraggio radicato in un pompiere può non essere favorevole alla sopravvivenza .

E Socrate aveva l'abitudine profondamente radicata di porre domande che

persone in difficoltà , un'abitudine che alla fine ha portato alla sua morte .

Tali definizioni sono chiaramente troppo. Ma questo può riflettere su

competenze filosofiche psichiatri piuttosto che loro quelli diagnostici.

Ci può essere qualcosa nella rivendicazione volte fatta : " la definizione

può essere nulla di buono , ma si riconosce quando lo vedi " . Ci fanno sembrare

essere persone -non pompieri o Socrates- la cui personalità sembra

incasinato a un grado tale estremo che sta rovinando la loro

relazioni e le loro vite . Essi presentano le difficoltà che sono sia

concettuale (questo dovrebbe contare come un "disturbo " per essere trattati da

psichiatri ?) e pratici (sono là modi efficaci per aiutarli

cambiare ?) .

Disturbo Antisociale di Personalità , al termine grave inclusi

psicopatia , è l'erede di una storia intricata di morale , giuridico e

concetti psichiatrici, tra cui quelli contrassegnati dal XIX

termine secolo " follia morale " e le condizioni all'inizio del ventesimo secolo

" Inferiorità psicopatico costituzionale" e " sociopatico " . (RIFERIMENTO

TO Millon , SIMONSEN E Birket - SMITH .) La concezione moderna di un

psicopatico è stata fortemente influenzata da Harvey Cleckley , che era un

Professore di Psichiatria presso l'Università della Georgia Medical School ha riferito gli psicopatici tra i suoi pazienti in The Mask of Sanity ,

un tentativo di chiarire alcune questioni circa la cosiddetta Psychopathic

Personalità (pubblicato la prima volta nel 1941 , ristampato con una sostanziale

revisioni nel 1950 , con ulteriori revisioni fino al quinto postuma

edizione nel 1988) .

Intuizione di Cleckley (se sapeva che mancava prove a sostegno di essa) è stato

che gli psicopatici sono nati in questo modo : "Sempre Sono venuto a

credere che qualche difetto sottile e profondo nell'organismo umano ,

probabilmente innata ma non ereditaria , gioca il ruolo principale nella

fallimento sconcertante e spettacolare di psicopatico di sperimentare la vita

normalmente e di portare avanti una carriera accettabili per la società " . (RIFERIMENTO

ALLA Cleckley , PAGINA 403 .) Il suo libro ha due lati , uno Influenza

stereotipi popolari e leggende sulla psicopatici e l'altra

influenzando il pensiero psichiatrico .

Cleckley aveva molti dei pregiudizi del suo tempo e di luogo . Il suo libro

comprende attacchi sulla moderno " permissivismo " , e " gli intellettuali e

esteti "per la loro simpatia di" ciò che è generalmente considerata come perversa ,

dispirited o disgusto incomprensibile " . Quello che è piaciuto incluso

gli scritti di Gide (che " insiste apertamente che la pederastia è l'

modo superiore e preferibile di vita per i ragazzi adolescenti ") e Joyce

(" Una raccolta di incomprensibile erudito indistinguibili per molte persone

dal insalata parola familiare prodotta dai pazienti hebephrenic sul

eseguire reparti di ogni ospedale statale ") . (RIFERIMENTO A Cleckley , pagina 7.)

Nella sua descrizione di uno dei suoi pazienti maschi che avevano sesso orale con

quattro uomini neri , la disapprovazione di Cleckley non si concentrano sul fatto che il consenso degli uomini era autentico , ma soprattutto sulla scelta di del suo paziente

partner. L'uomo "ha colpito sulla nozione di raccogliere quattro uomini negri

che lavorava nei campi , non lontano dalla sua residenza . In una località

dove il Ku Klux Klan (e dei suoi atteggiamenti ben noti) al momento

goduto di una buona dose di popolarità, questo intelligente e in alcuni

aspetti distinti giovane non ha mostrato alcun rimorso di prendere

dal campo di questi lavoratori non lavati da lui nascosto nella parte posteriore

di un camioncino , con lui in un luogo ben noto di amorosa

rendezvous ... Anche se ha espresso rammarico e ha detto che il suo scherzo era abbastanza

un errore , sembrava totalmente privo di qualsiasi imbarazzo profondo. "

(RIFERIMENTO A Cleckley , Pagina 361 .)

Cleckley ha contribuito a creare o perpetuare lo stereotipo popolare del

psicopatico come non proprio umana , un mostro nascosto satanico dietro l'

maschera di sanità mentale . Questa è " la maschera squisitamente ingannevole del

psicopatico " , che usa straordinaria facilità e il fascino di posare come un

persona normale . "Non siamo qui a che fare con un uomo completo a tutti ma

con qualcosa che suggerisce una macchina reflex sottilmente costruita che

in grado di simulare perfettamente la personalità umana . Questo senza problemi di funzionamento

apparato psichico riproduce costantemente non solo esemplari di buona

ragionamento umano ma anche simulazioni appropriate umano normale

emozione in risposta a quasi tutte le varie stimoli della vita . così

perfetto è la riproduzione di un intero e uomo normale che nessuno che

lo esamina in un ambiente clinico può notare in campo scientifico o

termini oggettivi perché, o come, non è vero ... Lo psicopatico , tuttavia

perfettamente imita uomo teoricamente , vale a dire , quando parla per se stesso in parole , non riesce del tutto quando si è messo in

pratica della vita reale ". (RIFERIMENTO A Cleckley , PAGINE 369-370 E

383 .)

Tra gli psichiatri , l'influenza di Cleckley non e 'stato per il

mostro dietro la maschera , ma deriva dalle sue potenti descrizioni di

il comportamento di alcuni dei suoi pazienti psicopatici .

Un caso memorabile è stato " Milt " , che aveva 19 anni quando arrivò in ospedale .

Aveva fatto un sacco di cose antisociali . Quando criticato per loro,

fatta scuse affascinanti, ma non sembrava davvero apprezzare la

gravità di ciò che aveva fatto e portato avanti nello stesso modo . uno

incidente è stato quando era alla guida della sua madre torna dall'ospedale dopo

la chirurgia maggiore . L'auto ha fuso e si ruppe nel bel mezzo di

un lunghissimo ponte . Con l'oscurità cade , insieme Milt di raggiungere a piedi un

garage mezzo miglio di distanza per ottenere un fusibile . Ha detto che avrebbe ottenere un giro e

essere di nuovo in meno di quindici minuti . Dopo un'ora il suo sconvolto

la madre è riuscita a ottenere un passaggio a casa . Ha chiamato gli ospedali per vedere se Milt

aveva avuto un incidente .

Sulla strada per il garage , si era fermato in un negozio di sigari per 10-15

minuti per controllare i risultati di calcio. Poi ha chiamato una ragazza che vive

nelle vicinanze e chiacchierato casualmente per un'ora . Tutto questo tempo che ricordava

sua madre lo stava aspettando . Quando finalmente raccolto la macchina e venne

a casa , è stato croce con sua madre per non aver aspettato . Ha mostrato " un

immunità blando a qualsiasi riconoscimento che si era comportato in modo irresponsabile o

sconsideratamente " . (RIFERIMENTO A Cleckley , a pagina 161 .)

Cleckley usato questa e altre descrizioni di casi di redigere un elenco di le caratteristiche distintive degli psicopatici . Queste includevano

fascino superficiale , inaffidabilità , insincerità , mancanza di rimorso ,

egocentrismo , la povertà emotiva , e un fallimento a seguire ogni vita

piano . Il profilo del " Cleckley psicopatico " è l'origine di

approcci attuali alla diagnosi , tra cui la Lepre psicopatia

Checklist .

Nel psicopatia Checklist , Hare distingue due "fattori" , che

sono altamente correlate tra loro , ma che hanno diverse

modelli di inter- correlazioni con altre variabili . fattore One

rappresenta tratti di personalità tipici della sindrome : " egoista ,

uso cinico e spietato di altri " . Fattore Due riflette socialmente

comportamento deviante : " cronicamente instabile , antisociale e socialmente

stile di vita deviante " . Se la diagnosi di essere uno psicopatico si suppone

per spiegare il comportamento anti- sociale , presumibilmente Factor Uno fa la maggior parte dei

il lavoro esplicativo , come due fattori ottiene quasi al di là della quotazione

comportamento da spiegare . E i tratti della personalità di Factor One

sono più pertinenti alle domande su coscienza. Le voci di Factor

One sono glibness e fascino superficiale , un senso grandioso di

autostima , menzogna patologica , in fase di pilotaggio e manipolatore , la mancanza

di rimorso o senso di colpa , emozioni profonde , di essere insensibile e privo

empatia , e l'incapacità di accettare la responsabilità per le proprie azioni .

(RIFERIMENTO A ROBERT D. LEPRE : La checklist HARE psicopatia

- RIVISTO .)

Ci sono domande su come le persone finiscono con una diagnosi di

disturbo di personalità antisociale . Quelli che ho incontrato erano in Broadmoor come il risultato di due cose : aver commesso un reato grave dopo essere stato

valutata come avere un problema psichiatrico , piuttosto che come un " ordinario"

la punizione che necessitano criminale . Ci sono domande su quanto essi

sono diversi da persone senza scrupoli nella vita ordinaria , che riescono ad ottenere

la loro strada sia senza commettere reati o altro senza ottenere

catturati . Come si confronta con alcuni dei politici , uomini d'affari ,

magnati dei media , responsabili di istituzioni accademiche , capitani d'industria

e altri che possono a volte essere distesi , insensibile , manipolativa

incantatori con un senso grandioso di autostima e poco di rimorso ? e

Come si confronta con coloro che hanno commesso crimini simili, ma

che vengono inviati in prigione piuttosto che vedere psichiatri ?

2 . Amoralisti ?

Una domanda ovvia è fino a che punto una persona con il record antisociale di

Due fattori , combinati con la glib , pilotaggio , personalità insensibile di

Fattore Uno dovrebbe qualificarsi come un " disturbo ", piuttosto che come

essere moralmente cattivo . Potrebbe la persona con personalità antisociale

disturbo risultano essere il " amoralista razionale" che infesta

libri filosofici di etica ?

Almeno fin da Platone , i filosofi che scrivono di etica hanno

ripetutamente cercato di affrontare la sfida di dare ragioni convincenti per cui

qualcuno dovrebbe preoccuparsi delle rivendicazioni di moralità . Una forma questa

sfida prende è la domanda di argomenti che confutare l'

amoralista . Ma questo costrutto teorico, la " amoralista " , risulta

essere un personaggio scivoloso .

La versione semplice della amoralista è qualcuno assolutamente egoista e preparato spietatamente di calpestare chiunque altro. Ma , perché

la società è impostato per spingere le persone a comportarsi come questo, un razionale

amoralista dovranno operare in pesante mentite spoglie . Per evitare legale

punizione o ostracismo sociale , una persona egoista deve almeno

cercare di " passare" come qualcuno che rispetta gli interessi degli altri .

Qualunque sia l' atteggiamento di fondo , il comportamento almeno diventa meno

di una minaccia . Una seconda modifica i risultati se il amoralista ha

umano ordinario desideri di relazioni. Le relazioni più profonde

sono incompatibili con l'essere affrontata in uno spirito di auto- interessati

calcolo . Così alcuni coinvolgimento emotivo con particolare altro

le persone possono fare alcune crepe nella barriera contro altruismo .

Come risultato di queste modifiche , c'è una sbucciatura giù al

nucleo concettuale di amoralismo . Il amoralista pura " concettuale" non possono

essere egoista . Egli può spesso cura di altre persone e di agire nei loro confronti

con benevolenza e anche generosità. Ma lo fa perché ha

vuole , non a causa di tutti i pensieri che avrebbe dovuto farlo o su

obblighi morali . Di fronte a usi "morali" di parole come "dovrebbe " ,

"Diritto " , " dovere" "sbagliato " , "obbligo" , egli reagirà come Oscar Wilde

ha fatto quando ha chiesto se era patriottico : "Il patriottismo non è uno dei miei

parole " .

Uno degli scopi di queste interviste era di vedere gente come lontano con antisociale

disturbo di personalità fare o non convergono con uno di questi tipi di

di amoralista .

3 . LE QUESTIONI INTERVISTA E LE RESTRIZIONI MORALI .

Le persone che vengono intervistati tutti avevano fatto delle cose terribili . il piano intervista iniziato da un quadro che ho usato per lavoro precedente su

la psicologia delle persone coinvolte in alcune delle grandi ventesimo

atrocità secolo . Pensare Auschwitz , il Gulag , Hiroshima o

il genocidio in Ruanda , vi è una domanda ovvia : come può la gente

si sono portate a fare queste cose ? Mi sono avvicinato questo chiedendo

circa le restrizioni nella vita quotidiana , che impediscono alle persone di

torturare o uccidere l'altro . Ho proposto una serie di vincoli e di

poi chiesto che cosa era accaduto loro nella Germania nazista , Ruanda e altri

luoghi. Queste interviste hanno tentato una strategia simile . Quando il popolo

Stavo intervistando commesso i loro crimini terribili , erano il normale

restrizioni sopraffatti da altre cose ? Se sì, come sono stati

sopraffatti , e da che cosa ? O erano queste persone senza la normale

restrizioni ? In entrambi i casi , ciò che accadeva dentro di loro ? Come hanno fatto pensare

su ciò che dovrebbe o non dovrebbe fare?

Quali sono i fattori che , il più delle volte , le persone da trattenere

la crudeltà , la violenza e l'uccisione ? Un fattore evidente è l'interesse personale .

La morte di un concorrente potrebbe essere redditizia . Aggredito un nemico

potrebbe dare soddisfazione psicologica . Ma la società è organizzata in un

modo destinati a rendere il costo troppo elevato . Normalmente , per razionale

lavoratori autonomi interessati , tali tentazioni sono controbilanciati dal rischio di

vergogna sociale e della detenzione a lungo termine .

Naturalmente , per la maggior parte delle persone , il calcolo egoistico non è l'

storia intera . Brillantemente semplice " anello di Gige " di Platone pensiero

esperimento è progettato per portare questo fuori . Se tu avessi un anello che ha fatto

invisibili , in modo che i crimini non sarebbero stati seguiti da punizione e vergogna , vuoi avere alcun motivo per non rubare , non violentare o meno

per attaccare le persone che si contrastano ? L'anello di Gige è una sfida

precisare le risorse morali che abbiamo : i motivi di ritenuta che

Non sono solo egoista .

Queste restrizioni morali sono radicati nella nostra psicologia . centrale tra

essi sono ciò che può essere chiamato " le risposte umane" . Siamo in grado di

sentendo compassione per gli altri . Sebbene la risposta può essere

attutito o alterati , possiamo essere felici per la gioia di qualcuno o

angosciato dal loro sofferenza . E abbiamo una tendenza a mostrare altre

persone rispettano. Anche in questo caso la risposta può essere attutito o over- cavalcato . ma

il senso molti di noi hanno della dignità altrui è una barriera

contro di loro umiliante . Siamo sconvolti per vedere qualcuno di essere sputato

on . Queste risposte umane di simpatia e di rispetto sono legate alla

empatia : al nostro immaginare che cosa è come per qualcun altro per

esperienza di sofferenza o umiliazione .

Un altro freno morale fondamentale è il nostro senso della nostra identità morale .

Molti di noi hanno un'idea del tipo di persona che siamo. A volte

avere un quadro del genere di persona che vorremmo essere , insieme

con i valori che modellano quella foto . Anche se l'immagine non è ben

elaborato o è in parte inconscio , può funzionare come un morale

moderazione . Possiamo almeno sapere il tipo di persona che non vogliamo

essere , e questo può trattenerci dal lavorare nel commercio di armi o

diventare un evangelista televisivo .

I quesiti sono stati progettati principalmente per vedere quanto questi morale

restrizioni erano presenti negli uomini che ho intervistato . Al fine di rendere l' domande unthreatening possibile , ho evitato chiedendo " avete

un senso di giusto e sbagliato ? "Invece ho chiesto cosa avrebbero

insegnare ai bambini di giusto e sbagliato. Ho anche chiesto se, qualora

guidato una macchina , avrebbero parcheggiare in uno spazio " disabile" , e quale sia il loro

ragioni erano di fare o non fare così . Quando hanno detto che non avrebbero

parcheggiare nello spazio disabili , la domanda di follow - up circa le ragioni potrebbero

attingere il loro tornaconto : " Non vorrei ottenere ruota- serrata "

o " potrebbe essere imbarazzante se la gente ha notato " . Ma c'era anche l'

possibilità di trovare alcune delle risorse morali : simpatia per

persone disabili, il rispetto dei loro diritti o anche il senso di morale

identità : "Non vorrei essere il tipo di persona che è stata così dire

per farlo " . Alcune domande erano destinate a esplorare il loro senso di

identità morale : « Come descriverebbe il tipo di persona che pensi

sei ? Avete un'idea del tipo di persona che si desidera

essere ? " Altri esplorato se c'erano cose che li ha fatti sentire

colpevole . Altri hanno esplorato la loro comprensione dei concetti morali come

equità.

La gente ha intervistato tutti avevano una diagnosi di personalità antisociale

disordine. Erano stati anche condannati per almeno un reato grave

come l'omicidio o stupro. Prima le interviste ho evitato scoprire

quali crimini che avevano commesso , in quanto non volevo mie risposte e

vista del loro essere polarizzato da questa conoscenza . E durante le interviste

Non ho chiesto loro che cosa i loro crimini erano stati. (A volte

volontariamente tali informazioni senza essere chiesto .) , ma , al fine di

esplorare la loro capacità di empatia e simpatia , ho chiesto domande lungo le linee di "Quando avete fatto qualunque cosa fosse , hai immaginare come

le persone che si sentiva danneggiato ? Potreste immaginare come si sentivano ? ti

cura di come si sono sentiti ? "

Queste interviste sono un pezzo di " ricerca qualitativa " , un termine spesso

in contrasto con la " ricerca quantitativa " . Poiché le domande non sono

mirano a "sì" o "no" , ma sono aperto , queste interviste

non si prestano a risultati quantitativi . Lo scopo è stato un

comprensione intuitiva di come i membri del gruppo pensano di destra

e sbagliato , di se stessi e dei loro valori. l'intuitivo

comprensione può essere paragonato a quello di uno storico cercando di

avere un'idea di ciò che Asquith era come dalle sue lettere , o cercando di

ottenere un tatto per la mente di Hitler dalle registrazioni del suo tavolo discorso .

Questi documenti non si possono prestarsi ad analisi numerica , ma

ancora possono aiutare la comprensione dello storico .

Un pezzo di ricerca qualitativa spesso sollevare questioni che

richiedono ricerca quantitativa . In questo studio , per esempio , questi

interviste non sono stati assegnati a un gruppo di controllo . Abbiamo preso in considerazione di fare

questo , ma ha deciso contro . Come gruppo di controllo abbiamo potuto avere un

gruppo di studenti , un gruppo di persone in ospedale psichiatrico con un

diversa diagnosi , un gruppo di soldati , un gruppo di infermieri , o un

gruppo di persone in carcere . Diversi gruppi di controllo genererebbero

molto diverse serie di analogie e contrasti . ogni possibile

gruppo di controllo avrebbe spostato l' enfasi dello studio in un

direzione diversa . Avere un gruppo di controllo avrebbe consentito

misura , ma abbiamo pensato che i vantaggi di questo sarebbe stato compensati dall'effetto inclinazione . Volevamo un ampio quadro di questa

gruppo, non un quadro essenzialmente da particolari contrasti tra di loro

e , dicono , gli studenti .

Ma questa immagine solleverà domande le cui risposte richiedono

metodi comparativi e quantitativi . I nostri intervistati erano

pazienti psichiatrici . Sono stati anche condannati criminali violenti . essi

ha avuto anche la diagnosi di disturbo di personalità antisociale . a

stabilire il contributo distintivo del loro diagnosi a quello che

detto che sarebbe ovviamente i confronti quantitativi con quelli in

altre categorie senza la diagnosi . L'immagine qui è un

schizzo . Essa mira in parte per dare un tocco intuitivo per un gruppo di persone

cui proprio modo di vedere le cose non è molto comprensibile , e in parte alla

suggerire ipotesi che possono essere testati in studi futuri .

Le interviste sono state "semi - strutturate " . Cioè , un insieme standard di

domande era a posto, ma non era rigidamente rispettate . L'obiettivo era

qualcosa di più colloquiale . L'informalità può incoraggiare le persone ad essere

più prossima . E, quando qualcuno ha detto qualcosa di interessante , mi sentivo

libero di seguirla a prescindere dal piano originale . Ciò ha reso il

interviste anche meno suscettibile di quantificazione , ma spero che questo

inconveniente si è rivelato essere superati dall'interesse di ciò che era

ha detto .

CAPITOLO SECONDO : i contorni di una MORALE PAESAGGIO .

Spessore morale e la superficialità .

Un tema delle domande era su che tipo di cose sono sbagliate ,

e ciò che li rende così . (Generalmente mettere in termini di ciò che i bambini dovrebbero essere insegnato , nel tentativo di rendere la questione meno minaccioso o

accusando .) La questione sfruttato nella vasta gamma tra i

intervistati su un continuum tra ciò che può essere chiamato " profondità" morale

e " superficialità " .

La domanda su ciò che le cose sono sbagliate a volte suscitato risposte

sorprendente superficialità .

CQ : Non dovrebbero giurare , sai , fare quello che tua madre ti dice di

fare, sai , fare bene a scuola, quando si cresce , si sa . essere

attenzione a chi si mescolano con . Non parlare con gli sconosciuti , si sa . Cose

così ...

Che è più sbagliato - bullismo o parolacce ? Hm , parolacce e il bullismo

è sbagliato , sia di sbagliato nei miei occhi . Sia la stessa cosa? Sì , sia la stessa .

(QUIGLEY 1,2).

IQ : Ma hanno detto io stesso un bel elevato standard moralistico ho impostato .

Cosa si può dire circa i vostri standard molto elevati moralistici ? Beh, io

non giurare davanti femmine.

Io sono rispettoso. Voglio dire che credo in apertura porte , e se un

femminile sta camminando lungo , sia esso un paziente o un membro del personale , ho lasciato

andare attraverso la porta prima , e cose del genere ...

(QUESTOR 6 .)

Altri erano abbastanza inarticolato quando ha chiesto di andare al di là profilo

cose specifiche che pensavano sbagliato e di motivare gli articoli di essere

sulla lista . Ma a volte una visione più generale (come " cose che voi

non piacerebbe se fossero fatti per te "o" cose che nel lungo

corsa non vi renderà felici ") ha emergono .

QA : Un giorno ho comprato a mia moglie una dozzina di rose rosse e metterli in cima

la televisione per quando entrare e quando mio figlio li vede ha tagliato

via con un paio di forbici . Beh , io non lo castigo . mia moglie

lui castigato . Se tu avessi parlato con lui , cosa vuoi che

voluto far passare ? Cosa pensi i bambini dovrebbero essere insegnato

giusto e sbagliato ? Non uscire rubare . Non uscire combattimenti e

solo a piedi . Ci vuole un uomo meglio a piedi che solo in piedi

e combattere . Non uscire e chiamare persone nomi e tutto il resto. non

finire nei guai , davvero . Ma se stavi portando i vostri figli ,

si potrebbe pensare di dire loro queste cose ... Non devono tagliare le rose fuori ,

non devono gridare dopo altre persone . Supponendo che i bambini , ha detto ,

"Ciò che rende tutte queste cose sbagliate ? Che cosa è che hanno in comune

che li rende sbagliato ? Beh , è solo offensivo, ecco tutto . E 'solo

abusivo ... essendo abusivo per tutto il tempo . Supponendo che si stava portando una

bambino e lui dice: " Tu mi dici tutte queste cose sono sbagliate , ma che cosa

li rende sbagliato ? Ciò che rende tutte queste cose , rubare e mentire e

abusando gente ciò che li rende tutto sbagliato ? Beh , li rende sbagliato

- Non è di loro proprietà . Esso appartiene a qualcun altro . Qualcun altro ha

acquistato o costruito o era data , o qualcosa del genere , e

non è tua proprietà . E ' loro possesso . E ' la loro. Che dire

gridando dopo anziani ? Che cos'è che non va? Gridare dopo vecchio

persone? Beh , trovo che sia mickey - prendere più di ogni altra cosa . Questo è

sbagliato , abusando anziani . Gli anziani non girano e iniziano a

gridare , whacking , ma ho usato per castigare le mie due bambine , quando

hanno usato per gridare la signora Hopkins che viveva accanto. aveva due bastoni e hanno usato per prendere il mickey fuori di lei ... un giorno

potrebbe essere lo stesso e qualcuno potrebbe iniziare gridando a voi e come

vuoi questo?

(ASH 2 , 3 .)

Qual è la distinzione tra profondità e superficialità qui ? profondità può

provenire da una seria riflessione sul perché contano le cose . questa riflessione

potrebbe essere su se stessi . Che tipo di vita voglio portare e perché?

Che tipo di persona voglio essere ? Potrebbe essere di religione o

società. Niente di tutto questo comporta necessariamente molta preoccupazione per gli altri

persone. D'altro canto profondità può venire , non dalla riflessione , ma

da una sensazione intuitiva per gli altri e per ciò che conta per loro .

La domanda su come si vorrebbe che se qualcuno ha cominciato a gridare

a voi ha almeno una certa profondità . Ma l'accento sulle donne Letting Go

attraverso la prima porta e non bestemmiare sono superficiali perché

convenzionale. Essi mostrano alcun segno né di riflessione sulle ragioni o di

un'idea di ciò che colpisce davvero la gente . Questo vale più chiaramente

l'opinione che giuramento e il bullismo sono altrettanto male .

L'interesse e l'anello di Gige .

C'era la questione di quali principi di selezione, se del caso , si

stavano usando . Sono stati chiesti perché dovrebbero insegnare ai bambini a fare un po '

cose e non fare altri. Alcuni oscillava tra ragioni che

appello alle idee di giusto e sbagliato o alla preoccupazione per altre persone

e le ragioni appello al proprio interesse . L'accento è stato fortemente

interesse personale.

Quando si parla di bambini più piccoli , dire bambini dai circa 6 o 7 , quello che si potrebbe insegnare loro giusto e sbagliato ? Z.C : Beh, io

li avrebbe insegnato ... non a comportarsi male , non rubare . Vorrei dire loro

le ragioni , però. Non vorrei solo dire a loro -non rubare perché

è sbagliato . Vorrei dire loro la ragione . Perché se rubi , l'

la polizia avrebbe prenderti alla fine , avrebbero serratura e vi

soffrirebbe . Vorrei dire loro in quel modo . Sapete qualsiasi altra

ragioni ? Beh, questo è sbagliato . Vorrei spiegare loro , come vi

come qualcuno a rubare la vostra proprietà? Lei non vorrebbe. Quindi non rubare

proprietà altrui . E anche perché è importante e avrete modo di essere

rinchiuso , rinchiuso in carcere e ben si soffre . Si perde la

libertà .

(Crinos 1 .)

Altri hanno dato ragioni che piacevano semplicemente per interesse personale.

Cosa vorresti insegnare loro è giusto e sbagliato ? Cos'hai in

mente? NB : Um , insegnare loro a non parlare con gli sconosciuti , um , non di andare avanti

il lato sbagliato della legge , infrangere la legge , um , insegnare loro le cose che

Ho passato , insegnare loro a non fare quello che ho fatto , tipo di cosa , così

insegnare loro diversi . Ottenere una buona istruzione , ottenere un buon lavoro . supporre

eri insegnare ai vostri figli di non parlare con gli sconosciuti , ottenere un buon

l'educazione , per non infrangere la legge . Girano intorno all'età di 13 e

dici: " Beh, OK , stai dirci tutto questo , ma perché? Qual è la ragione

dietro a tutto questo ? Cosa vorresti dire ? Um , [lungo silenzio] Perché hai bisogno

un lavoro in vita e una buona educazione nella vita per arrivare ovunque . Se si

Non è , allora si sta solo andando ad essere um , il sussidio di disoccupazione , che vivono in ostelli

e monolocali per età, senza soldi , quasi senza vestiti, non possono farti un buon pasto . Ed è per questo che hai bisogno di una buona istruzione e un lavoro , e

quando sei il sussidio di disoccupazione e di vivere in un monolocale , e non hai niente

al tuo nome , poi si inizia a rubare da negozi , il cibo dai negozi . voi

farsi prendere , si ottiene nei guai con la legge . Quindi, in realtà stai dicendo

loro come avere una vita felice ? Già.

(BLACK 2 .)

Quando i risultati di essere scoperti sono così prominente tra le ragioni ,

è naturale chiedersi quale sia la domanda circa l'anello di Gige sarà

suscitare . Alcuni, comprensibilmente , erano un po ' gettato da esso . talvolta

era difficile essere sicuri quanto le loro risposte riflettono un atteggiamento di vera e propria

e quanto essi riflettono il bisogno di dire qualcosa come una risposta alla

domande hanno trovato duro e forse pressurizzazione .

In generale, pensi che la gente dovrebbe fare la cosa giusta ? L.F : Già. anche

se potevano farla franca facendo la cosa sbagliata ? Qual è la ragione

per fare la cosa giusta , se si può farla franca non farlo ? dire

di nuovo ? Bene , supponiamo che si potrebbe farla franca non essere scoperti ,

qual è il punto di preoccuparsi di fare la cosa giusta ? Beh, io

non so [ride] per essere onesti . Uhm , dipende , io non lo so , io

non lo so . C'era una volta un filosofo che ha detto che , se avessimo un

anello che ci ha fatto invisibile , ci sarebbe una domanda sul fatto

abbiamo bisogno di preoccuparsi di moralità a tutti ... Cosa si potrebbe pensare

qualcuno che ha detto "beh , non abbiamo bisogno di preoccuparsi di destra e

sbagliato , se siamo in grado di farla franca a causa di essere invisibile " ? io

dunno . Vi sentireste avevi alcun motivo per fare la cosa giusta ? No ,

non proprio . Si potrebbe rubare ma eri invisibile in modo che nessuno avrebbe visto sei tu . Tu faresti ? Beh , penso di sì , sì .

(Farleigh 12 .)

Altri non sono stati così gettati dalla domanda. Spesso la prima risposta è

a dubitare della plausibilità di ciò che tali esperimenti mentali favola

assumere . Sarebbe invisibilità davvero essere una protezione affidabile contro

essere scoperti ?

Il filosofo greco Platone ha avuto l'idea che , se avessimo un anello che

ci ha fatto invisibili , ci sarebbe una domanda che avevamo alcun motivo

non rubare . Se avessimo un anello che ci ha fatto invisibili , non avevamo mai essere

catturati . Ci sarebbero delle ragioni per non rubare , allora ? Z.C : Dire

sei invisibile , si può farla franca forse un centinaio di volte .

Ma alla fine si suss fuori , qualcuno che è invisibile è

fare questo e probabilmente saranno più ... guardare fuori per ... Così si

farsi prendere alla fine? Gia ' ... Hanno suss che qualche persona invisibile

sta facendo questo . Ci sono alcuni film dove mostrano persone invisibili e

alla fine li hanno catturati.

(Crinos 7 .)

Ma la risposta successiva era spesso a pensare che una versione efficace

eliminerebbe tutti i problemi di rubare , anche se i dettagli di questa

linea di pensiero era a volte bizzarro .

Ma se potessi farla franca , se potessi davvero farla franca

forever- supponendo Sapevo solo che avrei potuto farla franca con qualcosa, avrebbe

vi è qualche problema nel farlo , allora ? Z.C : Non ci sarebbe. No , tu sei

destra . Non ci sarebbe un problema. Se tu fossi invisibile e, diciamo ,

tenuto uccidendo la gente e non si poteva essere catturati , poi alla fine , e saresti l'unica persona sul pianeta , e si sarebbe solo da

te se hai ucciso tutti.

(Crinos 7 .)

Un punto di vista era che indossare l'anello di Gige non si sarebbe fermato atti oggetto di

sbagliato , ma che la mancanza di conseguenze per chi lo indossa significherebbe la

scorrettezza non aveva importanza.

Se un bambino ha avuto l'anello , cosa vorresti insegnare loro ? Ci sarebbe

qualsiasi cosa ... JF : essere al di sopra della legge, un gradino sopra la legge . sarebbe

quelle cose che sarebbero ancora male, anche se si può sempre ottenere

via con loro ... Sarebbe sbagliato, sì , ma se si potesse farla franca

, si sarebbe un gradino sopra la legge . Poi , va bene ? Questo è

tutto bene , sì .

(FALL 2 .)

Per alcuni , l'anello avrebbe avuto i risultati che erano meglio di " tutti

giusto " . Sarebbe una meravigliosa opportunità .

Se avessimo un anello che ci ha fatto invisibile , ci sarebbe un motivo per

preoccuparsi di giusto e sbagliato ? Perché si potrebbe ancora avere una buona

la vita , perché avresti mai farsi prendere ? N.B : Questa sarebbe la mia perfetta

sogno , che avrebbe fatto. Questo sarebbe il tuo sogno perfetto . Sarebbe, sì .

Se hai appena fatto nulla , potrebbe avere qualche cosa ... E l'hai fatto ?

Vorrei, sì.

Se si potesse avere una buona vita facendo le cose che sono sbagliate , perché

non si poteva ottenere catturati , allora non ci sarebbe nessun problema ? ... Io credo ,

perché sapevo che avrei potuto farla franca , ma è possibile utilizzare l'anello

in un modo in cui non si poteva proprio fare le cose sbagliate , ma avere una buona vita su utilizzando l'anello così ? O.K , come si usa l'anello per un

buona vita ? Um , case, auto, barche , vacanze. Questo avrebbe preso

queste auto e barche e cose , è vero ? Oh , sì, si sarebbe ,

sì .

(BLACK 3 .)

Tuttavia, non tutti condiviso l'entusiasmo generale per l'anello . uno

pensò coscienza sarebbe ancora funzionare.

Se potessimo essere reso invisibile ... non avremmo alcun motivo di preoccuparsi

sul rispetto dei diritti degli altri perché nessuno saprebbe

noi era . Cosa ne pensi di questo? B.F : Ehm , credo che se tu avessi la

psicopatico finale con coscienza, allora si può farla franca ,

Sì. Ma non credo che ci sia qualcuno qui che ... non riesco a immaginare ,

forse c'è , che ci sia qualcuno la cui coscienza consentirebbe

loro di farla franca . Oppure , non so , suona , se foste in

il tipo di posizione in cui si vuole fare questo, uhm , ho potuto immaginare che

non sarebbe solo essere felice nel fare questo .

(Fellows 3 .)

Amoralisti ?

Nelle interviste , l' (diffusa ma non universale) entusiasmo per

gli effetti liberatori dell'anello di Gige suggerisce qualche affinità

con lo spietato egoismo di semplice amoralismo . Questa dotato

aspettative che avevo , sulla base stereotipo su " manca un

coscienza " . Ma , contro tale stereotipo , le loro prospettive non rientrava

il nucleo concettuale di amoralismo : la mancata comprensione , o l'

rifiuto , il vocabolario di concetti morali . Per la maggior parte , essi non avevano abbandonato (o non acquistare) il vocabolario morale

giusto e sbagliato , bene e male , giusto e ingiusto . E certo morale

concetti e pensieri , in particolare, erano profondamente radicate nel

prospettive di molti di loro .

EQUITÀ E DIRITTI rispetti.

Tra i concetti morali che avevano una forte presa sulla maggior parte di quelli

intervistati erano correttezza e il rispetto dei diritti delle persone . a volte

diritti rispetto era legato a lasciare le persone vivono la loro vita

e correttezza è stato visto come la parità di trattamento . Questi uniti nell'idea

che i diversi gruppi, come uomini e donne , devono essere ugualmente liberi

a vivere la propria vita .

ZC : In caso di mia sorella , mi auguro che lei ha dato alla luce il bambino ,

perché mi piace avere un sacco di nipoti . Ma non è su

a me . Voglio dire , non posso andare a dire a mia sorella -oh , andare avanti , si ha la

bambino , che vi piaccia o no . Io non posso farlo . Tocca a mio

sorella. Sta al singolo individuo . Così uno dei vostri valori rispetta

individui ? Quali altri valori pensi di avere ? Chi, io ? Sì.

Valori, eh ? [Lunga pausa] Beh ho parlato con uno psicologo molto tempo

fa. Credo in- credo che le donne dovrebbero essere uguali come

gli uomini sono . Credo che le donne dovrebbero essere autorizzati a fare qualunque lavoro gli uomini

fare - dovrebbero essere autorizzati a farlo pure . Se sono bravi a farlo ,

essi dovrebbero essere autorizzati a farlo . Credo anche che la donna -I

Cioè, se la donna va fuori e ha un sacco di sesso con uomini, alcuni uomini

lei chiamerebbe un slut . Ma io non sono d'accordo con questo. Gli uomini amano andare

hanno un sacco di sesso con le donne , per cui una donna dovrebbe essere consentito di avere un sacco di sesso con gli uomini . Si tratta di una questione di equità ? E ' , sì . che cosa

è l'equità ? Che cosa significa essere giusto o ingiusto ? uguaglianza di

tutti. Qualunque cosa avere il permesso di essere , gli altri dovrebbero essere

permesso di vivere .

(Crinos 4 .)

Qualche preoccupazione per l'equità e per i diritti è stato collegato a

consapevolezza fantasiosa di come gli altri potrebbero sentirsi se trattati ingiustamente

o quando i loro diritti vengono ignorati . L' uomo la cui coscienza non farebbe

lasciarlo scappare con utilizzando l'anello di Gige appello all'immaginazione

qui .

Prendere l'auto per ottenere la spesa , cosa faresti se ci fosse un

carenza di spazio e c'era uno spazio disabile , desiderate parcheggiare in

lo spazio disabile a volte o no ? B.F : No. Per niente ? Niente affatto ,

n. Perché no? Er , perché c'è un motivo specifico . disabili hanno

problemi con la mobilità , e sai non ci sarebbe nulla di me di arresto

parcheggio molto lontano e camminare con la spesa ... ma alcune persone

avere

a .. bisogno di sedie a rotelle, qualunque cosa , per andare in giro ... o deambulatori , così ho

non sarebbe , sarebbe molto ingiusto , um ... sleale ? Sì , su qualsiasi potenziale

persona disabile che voleva usarlo . Sì. Come si fa a decidere che cosa è

giusto e cosa è ingiusto ? Ehm , suppongo parte di questo è giù per , sarebbe

che causano disagio , crea guai per qualcuno ? Sì. E , ehm , si

so , sta guardando pro ei contro di ogni decisione suppongo , ehm , sì

mi farebbe risparmiare tempo e fatica , se ho parcheggiato lì, ma la quantità di

sforzo e il tempo di una persona disabile avrebbe perso sarebbe massicciamente superiori che . Quindi è in parte una sorta di grande felicità per il maggior numero

tipo di problema , (o almeno miseria) ? Um , in parte , ma non è solo solo

che . No. Che altro è esso ? Ehm , suppongo che sia in parte come mi sento su

comunque. Quando si dice " come ti senti " che cosa avete in mente ? um ,

bene Suppongo che qualcuno ha sperimentato ad un certo punto le persone disabili

essere ignorati , i loro diritti di essere ignorati , e il modo in cui può fare

sentire . E se siete molto felice di mettere solo con quella , poi ,

er, probabilmente non avrete tanto di un problema con l'utilizzo di loro

parcheggio, ma , ehm , se non sei , allora ...

(Fellows 1,2).

Ma questo appello all'immaginazione era raro . Per la maggior parte degli altri intervistati ,

mentre il rispetto dei diritti delle persone era importante , non era

particolarmente legata a qualsiasi empatia o sentimento simpatico per le persone

diritti di cui sono alterati .

Pensi che sia sbagliato di parcheggiare in uno spazio disabile ? O.A : Sì , lo faccio .

Perché è sbagliato ? Perché ci potrebbe essere qualcuno che viene a usare

lo spazio che è disabile e non può parcheggiare lì . Non è quello che vorrei

fare. È che perché si dispiace per la persona disabile ? No , è

perché le persone con disabilità hanno ottenuto i diritti , proprio come le persone normali . Sì ,

è solo il rispetto dei loro diritti ? Si ' , io rispetto i loro diritti fondamentali .

(Addison 1 .)

Vale la pena di esplorare questa forte impegno per l'equità e

rispetto dei diritti , ma che non derivano dalla simpatia immaginativa

con quelli trattati ingiustamente . Si tratta di una caratteristica dominante di questa morale

paesaggio . Da dove proviene ?

FONTI DI MORALITA SENZA simpatia.

Un colloquio tirò fuori un motivo per il rispetto dei diritti delle persone che

fece eco l'appello di Hume per la stabilità e altri benefici che vengono

da tacite convenzioni comuni per rispettare immobili di ogni altri .

Q.A : Non c'è rubare a tutti. Non ho mai sentito di un paziente

rubare da un altro paziente in questo ospedale . Perché pensi che

è ? Beh, suppongo che si rispettano . Ho una tivù , ho un

pappagallino , un walkman , tutto quel genere di cose . E lascio la porta aperta .

Ogni paziente ha già ottenuto lo stesso genere di cose . Fanno un po '

di scambiare , intrallazzi tra loro , ma non

andare rubare uno dall'altro . Lei ha parlato di rispettare ogni

altra . Ti rispettare le persone tanto? Io rispetto le persone , se si parla di me

e mi trattano OK . Se non lo fanno , io li ignoro . Non avrò

niente a che fare con loro. Io non voglio avere niente a che fare con qualsiasi

facinorosi o qualcosa di simile ora ...

(ASH ? 7 ? 8 .)

In ospedale ci sembrava di essere un insieme di convenzioni tacite che

è andato al di là rispetto della proprietà .

In ospedale qui c'è una sorta di codice morale che le persone obbediscano

in merito a ciò che si fa con l'altro , come si trattano a vicenda e così via,

o no ? Ci sono cose che la maggior parte dei pazienti sarebbero d'accordo erano sbagliate

quando una persona fa per un altro paziente ? J.Q : Sì , penso di sì .

Non c'è nulla di effettivamente detto o scritto , ma è una sorta di

generalmente accettato che, senza nulla mai detto, di ciò che è

e ciò non viene fatto . Cosa vorresti dire sono le cose che morale codice? Ehm , voglio dire , come , l'omosessualità , in OK privato , in pubblico , no.

Cose del genere , sai ...

E ' una sorta di regola ammesso che non si chiede alle persone la loro

storia o qualcosa di simile .

(Quirk , 12-13).

La crescita di tale accordo richiede qualche idea di ciò che gli altri

è probabile che vogliono e come essi sono suscettibili di comportarsi in risposta a

la tacita intesa viene tenuto o rotto . Ma avere empatia ,

o preoccuparsi , i sentimenti degli altri non è essenziale . questo

strategia è al massimo un passo minimo da egoista

amoralismo .

La simpatia non è l'unica strada da amoralismo . La maggior parte delle persone di

visione morale proviene da una varietà di fonti . Alcuni sono legati a

simpatia e alcuni non lo sono. Nelle interviste , non tre elementi

legata alla simpatia giocato una grande parte . Uno è quello che può essere chiamato

" Moralità comando" . Gli altri due sono versioni di equità , uno basato

su quello che può essere chiamato " uguaglianza primitiva " e l'altro in base a ciò

persone meritano .

COMANDO moralità.

Un esempio di comando morale è trovato nelle versioni autoritarie

religione : "questo è sbagliato, perché Dio ha detto così , e non c'è spazio

per ulteriori discussioni . " Un'altra versione è l'atteggiamento molte persone

deve la legge del paese : " non spetta a me giudicare se il

ragioni di una legge sono buoni o cattivi ; questo è illegale e così dovrebbe

non può essere fatto " . La frase di Immanuel Kant "la legge morale" mette in evidenza parallelismi tra la sua morale laica e divina e

Leggi parlamentari . Alcuni si sono lamentati che il suo approccio ha un

dipendenza nascosta l'idea di un legislatore divino questi critici pensano

si nasconde ancora dietro la legge morale apparentemente secolare. E , guardando

morale religiosa in sé , Freud notoriamente vide , agguato a sua volta dietro

il legislatore divino , i comandi e rimproveri di un bambino di effettiva

padre. La " voce della coscienza " divinamente ispirata è stata a suo avviso

l'eco interiorizzato della voce dei genitori colpevolizzante .

Nessuno degli intervistati ha menzionato Dio o ha motivi religiosi in

sostegno delle loro convinzioni morali , e non solo uno di loro era chi

addirittura potrebbe avere sentito parlare di Kant . Qualunque sia la verità o illusioni alla base

sue varie versioni teoriche , la moralità comando era una presenza in

le interviste . Non sorprende , comandi parentali erano importanti

quelli , come nel caso di un uomo sopra citato che pensava bullismo e

giuramento erano altrettanto sbagliato :

Perché giurando che non va ? C.Q : Beh, è proprio il modo in cui mi è stato portato

up , non imprecare contro la gente . E 'il modo in cui mia mamma e papà mi hanno cresciuto ,

sai. Siamo stati educati da ciò che era sbagliato e ciò che era giusto

e che , sai . " ...

(QUIGLEY , 1,2).

Altri accennati potestà genitoriale come la ragione per la tenuta

particolari credenze. In un caso , questo è stato combinato con la regina

essendo centrale ad alcuni dei loro contenuti . Forse essere portato con

una morale comando favorisce una generale disponibilità a rinviare a quelli

visto come avente autorità .

LN : Penso che la pena di morte per taluni reati dovrebbe essere

obbligatoria . Per quali reati ? Omicidio di bambini , uccidendo diverse persone

sotto i 16 anni , ehm , incendio doloso con l'intento di pericolo , incendio doloso di Sua

Sua Maestà proprietà, incendio doloso , come incendio doloso in qualsiasi luogo in cui la Corona del

a rischio ... Se dovessi [essere in] Portsmouth e cerco di dare fuoco a una

di fregate di Sua Maestà dovrei essere appeso per esso . Perché è incendio doloso

di banchine di Sua Maestà .

Suppongo che la cosa che hai detto che mi sorprende di più è la cosa

su "la gente deve essere eseguito per incendio doloso della sua Maestà

proprietà " . Ciò rende il suono come se , se qualcuno è in prigione e

hanno dato fuoco a uno dei cestini della carta straccia , è Sua Maestà di

carcere ... Questo non è un incendio doloso . Voglio dire, come set fuoco , come cerco di impostare

il fuoco , per esempio , Kensington Palace , dato fuoco a Buckingham Palace ,

Clarence House , Castello di Glamis . Perché si fa differenza se si tratta di

uno di quei palazzi , piuttosto che solo un blocco di appartamenti ? Perché è

di proprietà della Regina , di proprietà della Regina . Cosa ha di speciale la

Queen? E ' il modo in cui sono stato educato , rispettare la Corona , rispettare l'

uniforme , rispetta la famiglia reale . Se dico che non sono così interessati a

rispetto della famiglia reale , potete darmi una buona ragione per cui ho

dovrebbe? Dove saresti senza di loro ? .. Direi a te, devi

guardarlo , senza la regina non si sta per avere un modo decente di

soggiorno ... lo guardo , voglio dire , il modo in cui sono stato educato , la Regina,

come posso mettere , la Regina è il numero di una persona , sai cosa voglio

Cioè, dopo soli. Tu sai cosa voglio dire , avete voi stessi , e

allora si dovrebbe rispettare la monarchia perché gli aspetti monarchia si ... [A] primo esempio è il principe Carlo . Ha coinvolto in

conservazione , lui è coinvolto in arte ... Non è come , anche se lui è

reale , prenderà tempo per sedersi , parlare con te , e probabilmente capisce

meglio di te stesso, probabilmente . Non sono sicuro credo che

Mi capisce meglio di me stesso , ma .. Ma lui ha più

esperienza ... non lo so , è solo il mio modo di stato allevato .

(NICHOLSON 5 , 6).

Questo deferenza all'autorità volte combinato con idee su

lealtà verso il proprio paese . Il risultato è stato un "diritto o il mio paese

errata convinzione " in obbedienza incondizionata alle esigenze di patriottismo .

Alcuni dicono che un problema con l'esercito è che si deve

obbedire agli ordini , a volte uccidere la gente se c'è una guerra , e può

non essere in diritto di farlo sempre . O.A : Per difendere il vostro paese , sì , troppo

a destra lo è. In guerra , è giusto? Sì , certo che lo è. Tu non sei

basta difendere la tua patria, si sta difendendo le donne , l'

bambini , persone in essa . Stai difendendo il loro diritto di essere liberi . esso

prende due parti per fare una guerra , e un lato difende e l'altro

lato sta attaccando . Si può sempre contare sul nostro fianco per essere quelli che

stanno difendendo ? Se sei britannico , vi levate in piedi per la Gran Bretagna , che si tratti di

giusto o sbagliato . Tu sei parte di quel paese . Se la Gran Bretagna dice: "Giusto ,

Sono in guerra con questo gruppo " , non discutere . Basta dire , "Fair

abbastanza "e " Andiamo a fare quello che dobbiamo fare " .

(Addison 5 .)

CORRETTEZZA UGUAGLIANZA come primitivi .

Un'altra fonte di credenze morali che non dipendono dalla simpatia è l' senso di equità . Una versione di questo è la preoccupazione è per la parità

trattamento. La maggior parte dei genitori conoscono la profonda passione che la disuguaglianza suscita

nei bambini . Ad una età molto giovane , quello che potrebbe essere chiamato " primitivo

uguaglianza " sembra profondamente radicata . Chiunque abbia tre figli e

tre pezzi di torta , e chi li distribuisce in alcun modo diverso

la più ovvia , ben presto incontra la passione su di esso .

In una serie di interviste , il forte sostegno della parità di trattamento

sembrava relative a questa uguaglianza primitiva . Colpisce il fatto che una

riferimento rievocava l' infanzia, quando un bambino è stato dato da tasca

soldi e non è stato.

NB : ingiustizia può essere, ehm , la mia mamma mi ha dato soldi in tasca , ma non il mio

sorella. Ecco ingiustizia pure. Quindi l'equità sta trattando la gente

stesso ? Sì , di essere trattati allo stesso modo per l'altra persona ... Così mi piacerebbe darvi

£ 1,50 e mi piacerebbe dare l'altra persona £ 1,50 quindi è pari quindi è giusto .

Lui non sta facendo più di te.

(BLACK 10 .)

Equità COSA persone meritano , e la retribuzione .

Una versione di equità è su ciò che le persone meritano : che la gente

dovrebbe essere premiato o punito , colpa o lodato , secondo quanto

hanno scelto di fare. La profonda ingiustizia della pena immeritata

era un tema in diverse interviste .

Qual è la correttezza e ciò che è ingiustizia ? N.B : Ingiustizia è come quando

qualcuno è accusato di qualcosa che non hanno effettivamente fatto . Sono stato

accusato di cose che non ho effettivamente fatto e che è ingiustizia ,

C'era anche un forte senso di ingiustizia quando gli altri non avevano dato loro il sostegno e la fedeltà hanno pensato che meritavano.

Pensi che vedrai nulla della vostra famiglia , o sono davvero

fuori dal quadro ? Q.A : Beh , ho solo una sorella a sinistra . Ero in

toccare con mia moglie lo scorso anno perché mio figlio è morto . Credo che l'ultima

volta che ho sentito da mia moglie era 16 anni fa , e ha preso il mio figlio a morire

per lei di essere in contatto con me . Tornai a casa a vedere la sua per il giorno

dopo il funerale . Un paio di mesi più tardi siamo andati a casa . Lo staff

mi ha portato a visitare mia moglie per il giorno e io e mia moglie siamo andati fino a

la tomba . Poi siamo tornati al piano e lei ha detto , " ho tutto il

vernice e la carta da parati e tutto ciò che in casa pronto per quando si arriva

casa " . Ho detto , "Io non sto tornando a casa " . Dopo 16 anni , non è stato

in contatto con me e perché mio figlio è morto e lei è sola ora, lei

Mi voleva indietro . Dopo 16 anni in cui sono stato rinchiuso . Questo non è

fiera .

(ASH 7 , 8).

L'importanza di quello che la gente merita non era solo qualcosa che

sorti nel contesto della colpa immeritata o di abbandono nel loro

propria vita . Si formò una gran parte del loro pensiero su più pubblico

questioni . Per esempio, una suggerito che , mentre l'uccisione da parte

Gemelli Kray non erano giustificati , erano almeno mitigati dalla

pensavano che le loro vittime avrebbero avuto quello che si meritavano .

J.F : I Krays ucciso proprio solo . Essi non hanno ucciso innocente

persone. Vedo . Chi hanno ucciso ? Hanno ucciso Jack " The Hat " McVitie

e George Cornell . George Cornell era con gli Richardsons . il

Richardsons usati per torturare le persone e George Cornell era sempre grida la sua bocca fuori circa Ronnie Kray , definendolo un puff grasso e

che e questo business , dicendo come lui non aveva paura dei Krays e

che sono ponci e gridando la sua bocca off . E ha lavorato con l'

Richardsons ed era un gangster se stesso . Così Ronnie Kray gli ha sparato

la testa . Stava uccidendo un altro bandito . E Jack " The Hat "

McVitie - avrebbe dovuto essere con i Krays ma era sempre

grida la sua bocca fuori che stava andando per ottenere i Krays ... Spinse un

donna fuori dalla macchina e aveva la spina dorsale si è rotto e non poteva camminare

di nuovo e Krays ha dovuto prendersi cura di lei . Hanno dato soldi in modo che lei

potrebbe essere tutto bene finanziariamente , e questo Jack " The Hat " McVitie era

causando solo guai . Stava facendo le Krays i soldi e

gridava la sua bocca off . Così Reggie lo ha ucciso . Egli lo ha pugnalato a

morte . Questo la rende tutti i diritti di ucciderlo ? Esso non rende

a destra , no , ma ha ucciso solo le persone sbagliate . Lui non ha ucciso innocente

persone . Che dire di persone che uccidono persone innocenti ? Quello che fai

pensa dovrebbe accadere ? Questo è male . Mi sa che dovrebbero essere appesi .

(Caduta 4-5 .)

C'era un sacco di sostegno per la pena capitale .

Perché dovremmo pensare che va bene uccidere qualcuno perché hanno

commesso questi crimini ? L.n : Perché è disumano di fare certe

cose del genere . Lo guardo come, questo è uno dei miei pareri ,

chiunque può danneggiare un bambino ... non merita di vivere . Questo è solo il mio

parere , il modo in cui sono stato educato . Voglio dire, se ti fa male un bambino,

- boom- sai cosa voglio dire , c'è punire un bambino e poi

c'è solo andando fuori del vostro modo di ferire un bambino. Questo è fuori ordine . Alcuni dicono che due torti non fanno una ragione . Che è

terribile uccidere un bambino , ma è anche terribile uccidere la persona

chi ha ucciso il bambino ? Non siete d'accordo con questo? E ' solo il modo

Io stesso ho portato su, in realtà , sai cosa voglio dire . Anche se io sono

un devoto cattolico , penso ancora che la pedofilia è il peggior crimine nel

mondo , e c'è solo una frase per esso - morte ...

(NICHOLSON , 5 o 6 .)

A volte i motivi giustificativi erano sorprendentemente bassa , ma questo

potrebbe essere combinato con un forte senso di ingiustizia di innocenti

persone in esecuzione.

NB : Penso gravi reati devono essere eseguiti . Perché pensi

che ? Uhm , mi basta guardare l'Inghilterra . Non ci sono spazi, c'è prigionieri

ovunque , ci sono i criminali in giro e che, e mi sa

che se c'era esecuzione poi , più esecuzione del normale , Credo

sarebbe un mondo più tranquillo per vivere Alcuni dicono che una delle

i problemi con le persone che eseguono è che le persone che sono innocenti

a volte ingiustamente ottenere condannato . Sì, penso che , OK sì, penso

allora la legge dovrebbe assicurarsi che hai il 100 % prova prima dell'esecuzione .

Sì , ma non si può sempre ottenere la prova 100 % . No , non puoi.

Qualcuno direbbe : "Beh , se sarebbe enormemente ridurre l' omicidio

rate , non importa se alcune persone vengono eseguiti perché meno persone muoiono

generale " . Vuoi dire che è giusto o pensi che sia sbagliato ? io

credo che sia sbagliato . Perché ? Perché stanno solo uccidendo persone innocenti .

Così finiscono per essere assassini stessi. Quindi è ingiusto ? Già.

(BLACK 10 .)

A volte le idee di ciò che ha reso qualcuno merita di esecuzione sono stati legati

con una rete di altri punti di vista morali distintive .

OA : Se un uomo uccide un uomo , poi , per quanto mi riguarda , questo è

accettabile , perché un uomo può difendersi . Se qualcuno attacca un

uomo dalla parte anteriore , o due uomini hanno una lotta e uno di loro muore ,

qualcuno lo colpisce e lui cade a terra e muore , che è accettabile perché

hanno avuto un combattimento e accidentalmente c'è di morto qualcuno. Se si va fuori

con l'intento di uccidere qualcuno, allora si dovrebbe perdere la vita .

Se si uccide un bambino si dovrebbe perdere la vita .

(Addison 8 .)

A volte , anche se raramente , il supporto per la pena capitale era legato alla

rimorso proprio passato della persona e alla simpatia per le sue vittime .

Alcune persone pensano che sia sbagliato avere la pena capitale . Quello che fai

pensate ? QA : In alcuni casi sì , e in alcuni casi -no . quali casi

sarebbe " sì" ? Ci sono state persone innocenti elettrico - presieduto e l'

colpevole è stato trovato più tardi . In stupro ci dovrebbe essere la betulla dare

loro la betulla , o il gatto - di - nove - code - in caso di violentare . nel

caso di violenza sessuale sui bambini , la stessa e dovrebbero essere

castrato . Nel caso di omicidio in realtà , sarei d'accordo con impiccagione .

Ho ucciso due volte - due persone , e non ho mai dimenticarlo . L'ho fatto non solo

far loro del male . Mi sono fatto male la loro famiglia mentalmente , non fisicamente ma mentalmente ,

ei loro cari .

(ASH 5 .)

Un forte impegno per la retribuzione e il deserto potrebbe portare le persone in

direzioni diverse . La preoccupazione per l'esecuzione di innocenti persone hanno portato un intervistato a rifiutare la pena capitale , anche se lui

anche pensato che , se qualcuno meritava punire un privato

risposta violenta potrebbe essere giustificata .

LF : Diciamo che hai qualcuno che è ... picchiando e burgling , picchiando

vecchie e prendere tutti i loro soldi . La polizia non hanno abbastanza

prova per convinzione e che stanno lì seduti guida queste belle

motori e buttare tutti questi soldi in giro e cose del genere , e

allora , avevo nessun compun ... nessuna colpa in merito , ehm , prendendo soldi da lui o

rubare da lui , o che cosa , mentendo a lui o , sai cosa voglio dire ,

o lo attacca ...

Pensi che ci dovrebbe essere la pena capitale ? No. Perché no ? Beh ,

dipende. Se si ammette che e 'sicuramente giusto che essi hanno fatto

esso , allora forse , ma si ha sempre questi i casi in cui persone innocenti ...

Sì , in modo da non eseguire la gente perché potrebbero essere innocente ?

No , non lo faccio , no , probabilmente no , no.

(Farleigh 4 , 10).

MODELLI .

Tre temi spiccano : superficialità morale , il dominio di

l'interesse su interesse fantasioso per gli altri , e una morale

sottolineando equità e diritti , ma ancora una volta con le sue radici non in

empatia per gli altri . (Queste sono le impressioni dominanti , ma ho

osservazioni citate da persone particolari che vanno contro ognuno di questi

generalizzazioni .)

La superficialità è evidente nella banalità di alcune delle proposte

insegnamento morale di lasciare le donne attraverso la porta prima o parolacce essendo così male come il bullismo . Dove sono stati dati tutti i motivi , hanno mostrato

piccolo segno di riflessione o di ogni senso di ciò che veramente importava

ad altre persone . Il predominio del proprio interesse è evidente nel

benvenuto dato l'anello di Gige , a condizione che funziona . questi due

fattori insieme potrebbero suggerire un gruppo di amoralisti che non hanno

reale concezione di ciò che la morale è di circa.

Ma questa immagine del paesaggio amorale pianeggiante è al massimo una mezza verità .

Ciò che va contro di essa è l'affioramento altamente visibile di concetti morali

raggruppati attorno alle idee di equità e di quello che la gente merita . Si tratta di un

paesaggio morale , ma una stretta e difficile . In alcuni solo degli uomini

intervistato , convinzioni circa i diritti e l'uguaglianza cresciuto fuori di una preoccupazione

per le altre persone di poter vivere la propria vita , o fuori

immaginare come le persone con disabilità si sentono quando i loro diritti vengono calpestati .

Per la maggior parte di loro , la preoccupazione fantasiosa per gli altri non era centrale . il

l'accento sulla parità primitiva e su ciò che le persone meritano sembrava

venuto abbastanza immediatamente da reazioni istintive , non mediata da molto pensiero

su di loro . Le idee di ciò che le persone meritano erano spesso legati a

i propri sentimenti di essere trattati ingiustamente quando ha negato la lealtà

hanno pensato che meritavano o accusati di cose che non avevano fatto . in

maggior parte del gruppo , questa costellazione di idee sembrava ampiamente

indipendente di empatia o simpatia .

Ancora una volta , la superficialità è impressionante . Questo esce nel importanza

attaccato alla proprietà della regina e la fede nella accettabilità di

" Attaccare un uomo dal fronte " . Esce nel vedere qualcuno

causando problemi e " grida la sua bocca off" come una grave mitigazione del erroneità del suo assassinio . Esce nel dare come

motivo per sostenere la pena di morte che " Mi basta guardare l'Inghilterra .

Non ci sono spazi, ci sono prigionieri in tutto il mondo , c'è criminali

in giro ... " . Tutto questo ha la stessa banalità come lasciare le donne

attraverso la prima porta e la fede nella grave erroneità di

bestemmiare . Alcuni dei superficialità possono provenire da essere portato con

una morale comando , che non si tratta di immaginare come le persone si sentono . né

fa sviluppare la riflessione pensosa . Al contrario , incoraggia un

approccio , ad esempio per la moralità della guerra , di immediata e

l'obbedienza acritica : " Se la Gran Bretagna dice :" Sono in guerra con questo gruppo " ,

non discutere . Basta dire: " Mi sembra giusto. " ".

CAPITOLO TERZO : INFANZIA E DOPO .

Quando intervistando la gente , non mi presento né i loro crimini o

loro infanzia . Ma spesso sollevato uno o entrambi questi argomenti .

E 'diventato chiaro che molti di loro hanno visto un forte legame tra il

due. Ha cominciato a sembrare importante esaminare più da vicino nel loro

senso che le loro azioni violente sono state collegate ad un disastroso

infanzia .

1 . RIFIUTO INFANZIA .

LF : Beh , sapevo che era sbagliato , um , ma c'era un sacco di, io non sono

una sorta di mitigare , ma mi sposavo il giorno successivo e ... è un

lunga storia davvero . Ogni volta che le cose stanno andando bene , ho una sorta di sempre ,

muck ' em up , pasticcio' em up . Vuoi dirmi come è accaduto , o

no? Beh , ho dovuto andare a prendere il mio abito , e c'era cose diverse

abbiamo dovuto pagare. Girlfriend stava succedendo di questo che e altro e quello che abbiamo , quello che doveva essere pagato , soldi, bollette , e non

solo le bollette ma come per questo matrimonio e che . E sono uscito e ho

fatto un furto e quando ero lì ho visto tutte queste immagini , tutti

queste famiglie felici si sa , e um , fracassato il posto e impostare

fuoco. Era le foto delle famiglie felici che hanno attivato

che ? Ehm , sì , penso di sì , sì . Forse perché si sentiva che non aveva

aveva una famiglia felice ? Beh, io so che non ho avuto una famiglia felice . Ma è

solo tutta la mia vita tutto è sempre andato storto , ci si sente proprio , ben

questo è solo come è . Ma quando le cose vanno bene, so solo

che le cose sono solo andando ad andare .. "

(Farleigh 6 .)

Il progetto ha continuato ad essere sulla moralità e dei valori della

persone intervistate , ma hanno assunto una dimensione extra . Come avuto il loro

infanzia a forma di ciò che avevano a cuore , e come , a sua volta fatto questo

sagomare contribuire alla loro violenza antisociale ?

Molti di loro descritti infanzia in cui sono stati mostrati poco amore .

Perché non vuole essere a casa ? O.A : Perché non mi è piaciuto . ci

Erano le nove di noi nella famiglia e c'era solo mia mamma . La mia mamma

non poteva dare amore a tutti noi e mi ha lasciato fuori. Non di proposito , ma

Mi sentivo e mi sentivo indesiderate, ma ho sempre voluto stare con mia mamma

perché è lì che un bambino dovrebbe essere . Così mi è stato sempre voglia di essere

con lei, ma quando ero con lei non ero amato . Quindi io non volevo

essere con lei quando ero , e quando non ero che ho fatto .

(Addison 3 .)

A volte le loro famiglie erano violenti . A volte sono stati portati a dai genitori che li hanno puniti severamente. Spesso erano fisicamente o

emotivamente abusato . Il tema comune è il rifiuto emotivo.

IQ : Sono cresciuto fino all'età di sette anni in una famiglia molto violento . Sì ,

dove sono state usate armi e cose del genere ... [Mia madre] era

indifferente davvero , si sa , è stato un rapporto molto volatile ... I

ricordare molte volte la polizia sono stati chiamati a fermarla Suppongo che ciò che

si chiamerebbe ora dispute domestiche e simili , ma c'era

alcuni abbastanza estrema violenza di tanto in tanto , lo sai . C'era un

coltello usato in una sola occasione , un coltello , un vassoio , la vecchia in acciaio

vassoi. Lei colletto mio vecchio uomo con un vassoio e gettò coppe circa e

cose del genere , e quindi cosa farei se tale situazione è accaduto , ho

usato per avere due o tre vie di fuga e utilizzare uno di loro molto.

(QUESTOR , 4 , 5 .)

II : Così una delle poche occasioni con mia mamma , e di essere a casa con

i miei fratelli maggiori , ero solito puniti per aver fatto qualcosa di sbagliato . io

non è mai stato veramente dato alcun incoraggiamento o un abbraccio per fare qualsiasi cosa

destra ... Noi non fu permesso di giocare in giardino , ma se mai venuto

a casa dal lavoro e siamo stati (e , ovviamente , questo è solo fatto pensare

che sono io ottenerlo nel collo tutto il tempo) ma usato essere

individuato , come se fossi stato in qualche modo responsabile della partita di calcio in

il cantiere , e sarei io che sarebbe penalizzato - di dover andare a

letto presto , misura punitiva della retribuzione . E 'usato per infondere terrore

la paura in me.

(Ibbott 2 , 3 .)

LJ : Sono stato abusato sessualmente e fisicamente abusato, costantemente. e io era in ospedale per undici anni con la polio e sono venuti solo per vedere

me una volta .

(JACKSON 3 .)

PERCORSI DA RIFIUTO alla violenza.

Come hanno descritto la loro violenza dall'interno , che cosa hanno detto

suggerito due modi diversi in cui la loro infanzia disastrosi

potrebbe essere collegato a esso . Una via potrebbe risalire alla loro infanzia

la creazione di bisogni , desideri e stati emotivi così forte da

sopraffare sia l'interesse o le restrizioni morali. l'altra

vedrebbero il loro rifiuto infanzia come arrestando la crescita del

morale stessi vincoli.

Guardando prima al schiacciante del proprio interesse e della morale

restrizioni , due conti causali suggerite emerse . Uno è che

risposto al rifiuto infanzia con rabbia , che ha trovato espressione in

violenza . L'altra è che la loro esperienza infantile li ha lasciati con

bisogni emotivi insoddisfatti , che hanno cercato di soddisfare attraverso i loro pari

gruppo vincendo il riconoscimento per la loro durezza e la violenza . Se a

qualsiasi grado erano stati in grado di sviluppare le risposte umane di

simpatia e rispetto , questi non sono stati sufficienti a proteggere le loro vittime.

Tali risorse morali come erano stati travolti dalla forza di

la loro rabbia e la loro fame di riconoscimento .

Loro conti anche suggerito che alcune risposte alle infanzia

rigetto inibito lo sviluppo delle limitazioni morali

stessi . Una risposta era quella di crescere un guscio difensivo , di cui una parte

era un evitamento intenzionale di simpatia per gli altri. Un altro risultato il modo in cui sono stati trattati era che alcuni hanno fatto sentire in colpa .

Questo , unitamente alla mancanza generale di riconoscimento , non li aiuto

sviluppare un buon senso della propria identità e vale la pena .

. 2 travolgendo le limitazioni morali : la rabbia e bisogni emotivi .

RABBIA .

Il più semplice percorso causale dal rifiuto dall'infanzia alla violenza va

attraverso la rabbia . Una domanda arrabbiato di attenzione potrebbe essere espressa in

infanzia stessa .

IQ : E così non è stato mostrato nessun affetto , e in realtà avuto modo di me

perché il primo giorno mi hanno portato a scuola da mia madre , e poi

dopo che lei in realtà mi ha lasciato per tornare a casa e che . E io non potevo

capire perché tutti gli altri genitori stavano arrivando e raccogliendo il loro

bambini fino ... Perché non mi vengono presi ? .. Questo è quello che deve aver provato ,

perché ho usato per , una volta ho rotto tutte le bottiglie di latte a

attirare l'attenzione da tutte quelle altre persone.

(QUESTOR 17 .)

Una simile necessità a volte si nascondeva dietro la rabbia più tardi nella vita e spesso

è stato generalizzato di là di quelli che in origine ha causato.

Hai avuto una sorta di rabbia si stavano diventando fuori? N.B : Uhm , sì . Perché

eri arrabbiato ? Uhm , perché mi sentivo ignorato , mi sentivo sola .

(BLACK 12 .)

OA : non ho usato per sentirsi in colpa perché avevo troppo odio dentro

mi sento in colpa , contro chiunque . Contro tutti ? Contro tutti.

Anche le persone che non hanno fatto niente ? Anche nei confronti delle persone che non hanno

fatto nulla per me, yeah . Perché pensi che fosse ? Perché avevano quello che volevo e non ho avuto , quindi mi sentivo arrabbiato perché

avevano.

(Addison 4 .)

A volte i loro conti hanno suggerito che , nelle loro menti , vittime di

la loro violenza degli adulti sono stati in piedi per coloro che li avevano abusato .

LJ : I miei effetti su altre persone deve essere stato terribile. dal mio

criminalità . Sono dentro per stupro. Sì. ... 'Ho fatto un sacco di lavoro pesante

gruppi. E l'unica conclusione che posso venire in quel momento era che

il ragazzo era mio fratello e la donna era mia mamma . Perché quel giorno io

stava guidando verso casa dei miei genitori perché mi stavo per uccidere

loro. Ed è qui che la mia testa era . Stavo andando a spazzarli via

tutti insieme . Ho pensato che la rabbia potrebbe andare via allora ...

Lo si cura in quei giorni di ferire le persone o non realmente ? Oh ,

sì, mi importava , sì . E ' usato per farmi del male molto me stesso , quando ho avuto un

bel rapporto in corso e dividere . Mi piacerebbe maledico me stesso tanto più

perché era davanti a me . Non era mai giù per il mio compagno . era

sempre verso di me ... Quindi hai fatto la cura di altre persone e come

sentito ? Naturalmente ho fatto, sì . Ma la rabbia a volte appena superato

che ? Lo ha fatto , lo ha fatto , ha preso il sopravvento. Ci sono voluti più , lo sai . era

lei, proprio non mi avrebbe lasciato solo. Tua madre ? Mia madre,

solo che non mi avrebbe lasciato da solo , in un modo o nell'altro . E io non potevo, come

Ho detto, non ho potuto parlare con la gente su di esso . Ho portato tutto il tempo .

Questo è stato l'abuso sessuale ? Si ' , abusi sessuali . Anche quando non ero a casa ,

quando ho lasciato casa e scesi a Londra per vivere , lei era lì

a volte . Potrei essere in un rapporto e sta attraversando forse un momento difficile , che sarebbe 9 ora su 10 verso il basso per colpa mia. e

Sarebbe lei , lo sai . Sarebbe stata nella tua mente ? Sarebbe stata nella mia testa .

Dicendo che ero marcio , dovrei uccidermi , e non meritano di

vivere e tutto il resto e che genere di cose ... Quando tu-tu

non c'è bisogno di rispondere a qualsiasi domanda se non si vuole , ma , quando si

violentata una persona era che la rabbia , o era .. Era rabbia. Era rabbia.

La rabbia contro la vostra madre o rabbia contro ... ? Sì , rabbia contro , essa

era mia madre e mio fratello , nella mia testa quella notte .

(JACKSON 10 , 11).

Bisogni emotivi e privazione.

Nell'etica e nella filosofia politica , c'è un filone di pensiero

che dice che i bisogni umani debba essere data priorità rispetto soddisfacente

altri desideri . L'affermazione è che rendere le persone benestanti meglio

dovrebbe passare in secondo piano per eliminare la povertà di persone che mancano

rifugio , abbastanza da mangiare , acqua potabile o assistenza sanitaria di base . il

Vista ha un fascino evidente , ma le domande sono state sollevate a proposito di come

tracciare la linea di demarcazione tra le esigenze e le altre cose che la gente vuole . il

punto viene talvolta fatto che qualcosa è necessaria per qualcos'altro : un

casa è necessario , tra le altre cose , la protezione contro la

elementi e forse contro i predatori . Uno conto dei bisogni che

dovrebbero avere la priorità è che sono per le cose, come il cibo e alcuni di salute

cura, necessaria semplicemente per rimanere in vita . Altri vogliono un più generoso

conto delle esigenze umane , comprese le voci di elenco che, pur non

essenziale per rimanere vivi , sono necessari per una vita buona o fiorente.

Anche questo è fare appello , ma un costo può essere l'offuscamento della linea tra ciò che la gente ha bisogno e cosa vogliono solo .

Forse alcuni offuscamento del confine è una conseguenza inevitabile di

la visione più inclusiva delle esigenze . Ma un'infanzia di violenza e di

rifiuto, come si è visto da coloro che l'hanno vissuto , è importante qui . come

abbiamo visto , il piccolo gruppo di intervistati comprendeva tanti il cui passato

era come questo . C'era il un bambino in famiglia lasciato fuori perché

non c'era abbastanza amore per andare in giro , l'unico ragazzo mai raccolte

dalla scuola e chi fracassato le bottiglie del latte, quello mai dato un

abbraccio ma spesso ingiustamente punito , quello costantemente abusato fisicamente

e sessualmente e ha visitato una volta in undici anni in ospedale , colui che

aveva vie di fuga dalla violenza in famiglia con il vassoio in acciaio e la

intaglio coltello , e quello la cui madre era nella sua testa dicendo che era

marcio e dovrebbe uccidersi. È difficile evitare il pensiero che

ci sono bisogni emotivi umani e quelli fisici . per alcuni

intervistati , queste esigenze sono state soddisfatte, e questo ha contribuito al

violenza . Sono spiegati alcuni dei bisogni .

La necessità di essere un qualcuno .

Spesso il rifiuto e umiliazione generato un bisogno di riconoscimento

e rispetto , un bisogno che prontamente ha trovato espressione nella violenza .

A volte la rabbia si combinerebbe con questo .

QA : con la rabbia , con il modo presuntuoso ho usato per essere , con la birra -it

bollito e bollito e io ero solo come un animale . La gente era

paura di me e mi è piaciuto quello. Mi è piaciuto molto . Perché l'amore che ?

Non lo so. E 'stato stupido . Era una sorta di riconoscimento, il rispetto ?

Chi è abituato ad andare "Ciao , Quinn " . Ho usato per essere notato . "Ciao , Quinn . " "All giusto , Quinn ? "" avere un drink, Quinn . "

(ASH 9 .)

Anche se la mia domanda accorreva riconoscimento e rispetto , sono

vale la pena distinguere . (RIFERIMENTO A SIMONE BATEMAN .) Forse, del

due , il riconoscimento è il bisogno più fondamentale. Rispetto ha a che fare con avere

il tuo stato o la pena riconosciuti. Ma QA qui esprime una necessità

qualcosa di più di quello di base riconoscimento : è stato chiesto di avere un

bere, semplicemente farsi notare a tutti piuttosto che essere guardato attraverso come

se inesistente . Uno degli altri intervistati inizia inizia off

sullo stato e l'onore , ma , quando chiedo di rispetto , lui mi corregge

e sottolinea il riconoscimento , la necessità di essere un qualcuno piuttosto che un

nessuno :

IQ : Voglio dire, io , era una cosa grande spavalderia , perché avevo fatto un sacco di

rapine a mano armata e non ho mai preso . Quindi c'era un sacco di soldi

circa e auto veloci e che , e stavo vivendo , si potrebbe dire ,

estremamente nella corsia veloce, molto veloce . E ho sentito le persone stavano cercando

a me ... [Parlando di quando era più giovane] E ho avuto un sacco di

cose violente fatto per me , come iniziazione Teddy Boys si intendono

doveva avere le gambe tagliate e le cose successe con i coltelli e roba

così ... Ma per me che era spavalderia , che era come distintivi d'onore ...

Stai dicendo che volevi rispetto. È giusto? Non tanto rispetto,

ma volevo riconoscimento . Già. Suppongo che mi sentivo , a pensarci , mi

Sentivo che ero nessuno , ma stare con queste persone , ero qualcuno.

(QUESTOR 14 , 17 .)

Altri bisogno di essere al centro delle cose piuttosto che sulla margini , e di essere ben noto o di avere un potente reputazione.

II : Ho svaligiato chimici fin dalla tenera età (poco meno di 16) per molti

anni con successo . Ho avuto remore di chi comprata , dove ho

ha preso ... Poi , tanti anni fa , mi sentivo bene per essere in grado di camminare

in casa di qualcuno e il tutto sarebbe ruotano intorno a me -two

scellini per questo , e mi ha dato un senso di identità . Ero abbastanza

ben noto nella zona . Hai sentito avevi bisogno di un senso di identità ?

Ti senti ti è piaciuto questo? Beh , non mi sembra di ricordare una prima

a questo.

(Ibbott 3 .)

OA : Ho usato per andare al night-club in cerca di lotte , cerca di

le persone a combattere per migliorare la mia reputazione . Ho usato per andare in cerca di

persone che avevano la reputazione , a prendere la loro reputazione lontano da loro e

aggiungere alla mia ... non ho usato per ottenere un sacco di sonno perché ero in

velocità, ma ho costruito una reputazione per me . Se ci fosse una lotta,

venirmi a prendere ... Problemi che la reputazione divertente ? Sì , era necessario

per me il momento di avere quella reputazione . Perché era necessario ?

Perché lo stile di vita che conducevo . Non potevo permettermi di ottenere

calpestato . Non potevo permettermi persone che pensano che potrebbero prendere il P

fuori di me quindi ho avuto questa reputazione e nessun popolo fatto. La gente ha cercato ma

Ho usato per distruggerli, così la gente non ho provato , alla fine , perché

avrebbero saputo cosa sarebbe successo. Così ho avuto una reputazione .

(Addison 9-10 .)

A volte la necessità del rispetto fonde con la necessità di fare qualcosa

vale la pena dal punto di vista della persona stessa e

l'importanza di contribuire qualcosa agli altri :

Cosa ti piacerebbe la vita di un medico ? N.B : Um , si può aiutare

persone , vengono rispettati. Hai un titolo. Ciao , il dottor Tal dei Tali . voi

sentono importanti e la gente ti vedono come , che è un medico , ho bisogno di qualche

aiuto, andiamo a vedere il dottor XXXX . Pensi che il rispetto è qualcosa di

siete un po 'a corto di ? Uhm , io , sì . Mi sento come se io non sono

abbastanza importante per qualcuno o qualcosa , e io sono solo , penso che sia

a causa del modo in cui i miei genitori mi hanno trattato come un bambino . Quando un bambino

cresce pensando che stanno [non autorizzati ? VERIFICARE] a contare per

abbastanza , lui, vanno in giro ricerca di attenzione , che è quello che ho fatto,

attenzione - seeked ... Mi piacerebbe essere un medico , non solo a causa di questo

ma perché , ehm , mi è sempre piaciuta l'idea di essere un infermiere , chirurgo ,

medico , che lavora in pronto soccorso . E ' aiutare le persone . E 'un

buon lavoro forte per essere in E ' buona paga , si incontrano persone diverse ,

stai aiutando le persone , e ti senti come se avessi raggiunto

qualcosa alla fine della giornata, quando si va a casa . Sai che hai fatto

una giornata di duro lavoro , e hai ottenuto qualcosa . Hai aiutato

qualcuno .

(NERO 6 .)

La necessità di essere necessaria ed auspicabile .

Così come la necessità di essere notato e di essere guardato fino a , la gente ha bisogno

legami con gli altri . A volte questo è solo una questione di avere un gruppo

che dà un senso di accettazione e di appartenenza .

Ero interessato a quello che hai detto , se non sei stato in prigione ,

non hai mai vissuto ... OA : neri girano in gruppi. La maggior parte degli uomini bianchi non lo fanno. La maggior parte degli uomini bianchi vanno con uno o due compagni e quindi non si attaccano

insieme, ma Blacks fanno. Quando sei in prigione , è diverso . voi

stare insieme . Potete trovare le persone dalla propria area , si va in palestra con

li , si mangia con loro , sarete comunicare con loro . sei

intorno a loro tutto il tempo . C'è un legame lì perché vieni

la stessa area ... così si diventa buoni amici . Più di questo . Si diventa

- Non so qual è la parola , ma si diventa anime gemelle ... Non sono mai andato

nell'esercito . Ho sempre voluto . Ma suppongo che sia così ... Perché

volevi essere nell'esercito ? Sono sempre stato ... ho sempre voluto

andare nell'esercito perché sentivo che era qualcosa che volevo fare . esso

era una professione . Era più. E 'stato come entrare in una gang , mi

supporre.

(Addison 5 .)

Ma l'accettazione e appartenenza sono solo una parte della storia . C'è un

necessità di qualcosa di più caldo : di essere necessari e voleva .

OA : Con il tempo ricevo il mio più antico o il mio primogenito , saranno 18 , così

possono prendere le proprie decisioni su ciò che vogliono fare . quando il mio

figli diventano 18 , se vogliono conoscere me o no , tocca a loro.

E ' la loro decisione . Non voglio spingere su di loro. Mi piacerebbe vederli

ma sono gli adulti . Hanno tenuto in contatto con voi ? No , solo l'

più antica . Ma è poi a loro . E ' la loro vita . Se vogliono

conoscono me, va bene . Hanno avuto modo di vivere la loro vita a modo loro e

Io non voglio essere - se dicono : " Oh wow ! Dobbiamo andare a vedere

Dad " . Io non voglio questo. Voglio dire , "Voglio andare a vedere il mio

dad " . Ma ti piacerebbe molto se hanno fatto ? Sì , lo farei. Sì ,

Lo farei.

(Addison 10 .)

Quando si guarda indietro sulla persona che eri prima , cosa ne pensi

avevi manca? I.Q : Penso che la cosa più importante è essere necessario . bisogno

per me , non per quello che ero . Voglio dire, sono andato al pub , se avessi un

sacco di soldi, la gente aveva bisogno di me . Oppure ho pensato che hanno fatto , ma non era

il caso .

(QUESTOR 14 .)

3 . Stunting LA CRESCITA DI SIMPATIA .

Rifiuto Infanzia esigenze che travolse la morale creato

restrizioni . Ma le interviste anche suggerito che era stentata l'

la crescita dei vincoli morali stessi . La crescita della simpatia è

legata ad aprirsi agli altri : essere sensibile a loro ea come

si sentono . Questo può essere ostruito se la risposta di rifiuto è una

guscio difensivo contro l'essere ferito da altri. E , anche se l'

capacità di simpatia si è sviluppata , il risentimento di rifiuto e

altro male può portare alla simpatia per gli altri essere deliberatamente

spento .

La paura del rifiuto e il muro difensivo.

Un certo numero di intervistati ha riferito di aver rimase sulla difensiva

barriere a causa di una paura di essere respinti o derisi .

Sono molto grato a voi per dirmi una tale molto su di te ,

su come si pensa cose . Q.A : Beh , io non potevo anni fa, e

Non vorrei anni fa. Ero in un guscio e non vorrei uscire da quella

shell ... Perché pensi che sei rimasto in una shell ? Beh, ho pensato che , se

Io vengo fuori e fiorita , ognuno avrebbe pensato che mi veniva

divertente o qualcosa del genere.

(ASH 9-10 .)

Si tratta di una strategia di pre -emptive che si rifiuta vicinanza emotiva ,

respingendo le altre persone prima che possano farti del male ancora con più

rifiuto.

I.Q : Ridicolo entra in esso pure . Ho un sacco di ridicolo quando

è stato un bambino ... Come è possibile , io proprio non lo so , ma ho girato da un

estremamente silenzioso persona placido , persona spaventata , ad un estremamente

persona violenta . Lo sai . Era quella legata al ridicolo , era in fuga

dal ridicolo ? Yeah, yeah , 'cos , quando io, dopo che mi sono attaccato , ho

pensano che è tutto ... Quindi, in realtà era una specie di difesa? Oh , sì .

Dopo essere stato ridicolizzato , non avendo stato amato molto ? Che è di destra ,

a costruire questo muro difensivo e non lasciare nessuno o niente

in esso .

(QUESTOR 15 , 16).

Un'altra versione della stessa strategia è fare le cose volte a

alienante persone in modo che la vicinanza non viene offerto .

II : Non ho davvero me stesso permesso a causa di una bassa autostima a

apprezzare lo amo qualcosa o lascio qualcosa di arrivare troppo vicino a me in

caso fa male ... C'è sempre un rischio di rigetto , essere feriti . era

quel qualcosa che ti ha influenzato ? Avete evitare rapporti o

no? Ho passato 25-26 anni in rapporti che sono molto superficiale . ho

spostato in tutto il paese , conosciuto persone per un paio di mesi. Uno o due di

the- se hanno sviluppato in più di un legame affettivo , ho di solito detto qualcosa o fatto qualcosa di assurdo e allontanato da me

come preludio alla - bene, non avvicinatevi troppo , perché non voglio essere

ferito da te e ho anticipato che essendo stupido .

(Ibbott 4 , 5 .)

A volte un'eccezione sarebbe stata fatta alla strategia generale di

rifiuto preventivo . Un'offerta di apertura , una crepa rara nel

muro difensivo iniziato durante l'infanzia , potrebbe portare ad una risposta positiva

andando contro le aspettative pessimistiche .

Era molto tempo prima di trovare persone che si faceva alcuna emotivo

obbligazioni con ? I.Q : Um , oh , yeah, yeah , voglio dire che avevo un sacco di

relazioni. A un certo punto ho avuto tre rapporti che vanno in una sola volta .

Ma credo che fosse per mettermi alla prova , dimostrare che sai che ero

voluto o necessario per una laurea .... Ho conosciuto una ragazza , una donna , per

quattro anni qui e si è trasferita adesso ... ma ci ha colpito relazioni e

Sono stato abbastanza sorpreso di sapere , come aprire ero con lei . Voglio dire , ho

mai discusso le mie offese con chiunque , soprattutto i pazienti e che ,

e come ho sentito il rapporto è stato alle prese , mi sedetti e

ha detto guarda, questo è quello che ho fatto , sai , non sto dando alcuna

scuse , questo è come è. E mi aspettavo un rifiuto , e io

non farlo . In realtà, è legato ancora meglio e al punto che

in realtà ci siamo fidanzati lo scorso Natale . Sai , è così forte che

è stato. Ed ero abbastanza , credo , per tutta la mia vita lo sai ho avuto un

lotto di rigetto a casa , e le cose , e mi aspettavo di rifiuto ,

così quello che ho usato per fare, piuttosto che la gente mi rifiutano , avrei avuto in prima .

(QUESTOR 9 .)

Empatia, simpatia, METTE SUL Indicatori di direzione .

L'immagine dello psicopatico Cleckley classica , che ha qualche difetto

che lo rende in grado di sperimentare la vita come un normale essere umano fa ,

potrebbe suggerire l'incapacità innata di entrare in empatia con le vittime della sua

violenza . Questa immagine non si adatta alla considerazione gli intervistati hanno

di se stessi . Si vedono come avere la capacità di immaginare

i sentimenti delle loro vittime . Rabbia o risentimento generale contro

altre persone che li hanno portati in una delle due direzioni . O erano a conoscenza

di ferire altre persone, ma semplicemente non importava . Oppure , hanno evitato

loro eventuale infortunio alla sofferenza che causate da

deliberatamente tranciatura fuori consapevolezza.

La risposta di sapere, ma non preoccuparsi apertamente descritto .

Tu dici che hai cambiato filosofia da quando sono qui . I.Q :

Yeah, yeah . Qual era prima? Io ero un ex- motociclista e sarò onesto

con te , non mi frega un cazzo di niente e di nessuno . Quello che volevo

Mi sono , SOD le conseguenze .

(QUESTOR 4 .)

Avete una spiegazione sul motivo per cui hai nella posizione di

commettendo qualunque reato è stato? F.L : Suppongo che era qualcosa di

fare con quando ero più giovane , lo sai . Che genere di cose quando eri

più giovane ? Quando ero un bambino , sono stato colpito circa e cose del genere . come

hai che ti fanno fare qualunque cosa fosse che hai fatto? Ce l'hanno fatta voi

arrabbiato , o cosa? Sì , mi ha fatto arrabbiare molto e ho odiato la gente molto.

Quando odiavi persone, probabilmente fatto cose contro di loro a volte .

Lo sapevate come si sentivano su di esso , o no ? Suppongo che al momento ho in realtà non importa . Si sapeva ma non mi importava . È giusto? Già.

(LORAM 6 .)

QA : Ho sempre onestamente e veramente creduto , non importa quello che ho detto era

destro che non lo era. Non era . Ero solo testa grossa , no

ascoltare , non importava . Lo zolle. Quando hai detto " Sod voi" , non l'hai fatto

preoccuparsi , se fai del male alcune persone, non hai cura ? No , non l'ho fatto

cura . Perché pensi che fosse ? Non lo so. Perché fate attenzione

Ora , non è vero ? Penso che sia solo di essere arrogante . Non mi dava fastidio . ma

si sapeva che erano stati feriti , ma non ti importava . Era quello giusto ?

Proprio così , sì . Non mi importava di persone . Ho usato per essere appena nato

libero - è così che mi sentivo . Nessuno mi avrebbe fatto male . nessuno poteva

toccami . Ma ho scoperto che mi sbagliavo .

(ASH 6 .)

A volte , attraverso il risentimento , conoscendo il male ombreggiata in

puntando esso .

Quando stavi facendo qualunque cosa fosse avete , lo sapevate che era sbagliato

al momento o non hai a cuore questo? O.A : non importava , non ha

cura . Pensavi che stavi male a nessuno altro? Non importava . No , non

affatto . Ma si sapeva che li facevano male e non ti importa? io

Sapevo che era , sapevo di essere , sì . E non importava per quale motivo ?

Mi avevano fatto male , quindi stavo cercando di far loro del male . Giusto, ho capito

che . Tranne il mio male era estrema . Sono andato agli estremi .

(Addison 4 .)

L'altra risposta è stata di "mettere su paraocchi " . Alcuni degli intervistati

aveva sviluppato questa tecnica per oscurare ricordi d'infanzia orribili e applicato anche quando fanno male ad altre persone .

LF : C'è un sacco di mia infanzia ho omesse , voglio dire anni e

anni . Um , e se io non voglio affrontare qualcosa , per un periodo

di tempo , semplicemente non è accaduto . Penso che tutti noi facciamo in una certa misura .

Credo di aver fatto affidamento su di esso troppo , o ho troppo bravo a farlo , o ... e io

Suppongo che sia una sorta di, mi arriva a una fase in cui ho appena messo su paraocchi ,

sapete , ho appena messo su paraocchi ... Ho appena guado in Quando si indossa

paraocchi , non è pensare ai risultati , o ... Già. Quando sei

farlo , ti ricordi è stato un disastro in precedenza , o no ?

No , non penso a questo proposito . E 'sempre dopo, quando mi siedo indietro

oggettivamente e guardo indietro .

(Farleigh , 7-8).

Un modo di non essere angosciato dalla consapevolezza del dolore che hanno causato è stata

a distogliere lo sguardo da esso .

II : non mi avrebbe permesso a me stesso di cura dieci anni fa . Quindi, quando si dice

non ti permettere a te stesso , si sapeva che cosa era come se fossero

male. Sapevi quello che sentivano come , ma non ti lasciarsi

preoccuparsi di che ? Già. Mi piacerebbe respingerlo . Mi piacerebbe preoccupare con

qualcos'altro. Perché pensi che te ne sei andata a fuoco su

che ? Ebbene , a causa del dolore , o un tipo di dolore . E 'come un

costrizione emotiva .

(Ibbott 4 .)

4 . RISPETTO , RICAMBIO E IDENTITÀ .

Un altro freno morale fondamentale è il rispetto per le altre persone . Il rispetto è

riconoscimento dello status di qualcuno o in piedi .

Un tipo di rispetto è stima : rispettare Seamus Heaney come poeta è

pensare altamente di ciò che scrive . Un'altra versione è riconoscimento

qualcuno è stato in una gerarchia . Ci sono espressioni convenzionali di

il rispetto per lo status di qualcuno, un rispetto legato alla gentilezza e

a volte deferenza . I soldati esprimono la versione deferenza di

rispettare quando si salutano un ufficiale . Ma la stima e deferenza non sono

i vincoli morali centrali. Moralità spesso richiede il rispetto

persone che né stima , né rinviare a .

Ci sono schermi delle versioni meno forzato e più uguali di rispetto

che saluta un ufficiale . Riconosciamo qualcuno come una persona che conosciamo da

li saluto in strada . Con persone che non sanno , non vi è

gentilezza convenzionale per segnalare il riconoscimento della loro posizione come

gli esseri umani. Poi ci rendiamo conto che le persone hanno legale o morale

diritti , e mostrare questo non li assaltano , non rubare da loro ,

rispetto della loro privacy , non umiliando loro e così via.

Sia la versione convenzionalmente educato e il rispetto dei diritti può

esprimono una posizione più profonda e più generale . I bambini , utilizzati per il modo

essi stessi alla rinfusa grande nella loro vita , possono essere colpiti improvvisamente

con una consapevolezza viva che tutte le altre persone , tanto quanto

stessi , hanno una vita per guidare e un punto di vista della propria . il

vita e il punto di vista di un'altra persona è disperatamente importante

a loro come le mie sono per me . Il pensiero è una banalità , ma la sua alba

può essere una parte importante della crescita. Il punto di vista di altre persone

guidati da questa consapevolezza può essere chiamato " l'atteggiamento profondo di rispetto " .

Nei momenti chiave la stessa consapevolezza può ripresentarsi con vivacità agli adulti .

Nella Putney Dibattiti nel 1647 , il colonnello Rainsborough appello ad esso

quando sostenendo un governo solo con il consenso : "Per davvero penso che

il più povero colui che è in Inghilterra hath una vita da vivere come il più grande

lui ; e quindi veramente , signore , penso che sia chiaro che ogni uomo che

è vivere sotto un governo deve prima di tutto il proprio consenso a mettere

stesso sotto quel governo " . E George Orwell , esprimendo la sua

repulsione ad aver sperimentato una esecuzione , ha parlato della "

erroneità indicibile di taglio di una breve vita quando è in piena

marea " . Egli ha espresso l'orrore di camminare insieme con i condannati

Uomo : "Lui e noi eravamo un gruppo di uomini che camminano insieme , vedere, sentire ,

sentire , capire lo stesso mondo ; ed in due minuti , con

improvviso scatto , uno di noi sarebbe andato , una mente meno , un mondo meno " .

ALCUNI TIPI DI RISPETTO E NON ALTRI.

Alcuni degli intervistati hanno chiaramente avuto rispetto per le persone di alta

posizione nella gerarchia sociale . (" Perché è di proprietà della regina ...

E ' il modo in cui sono stato educato , rispettare la Corona , rispettare l'uniforme ,

rispettare la famiglia reale . ") Alcuni di loro avevano chiaramente il rispetto

espresso in gentilezza convenzionale . ("Io non giuro davanti

femmine ... Sono rispettoso . Voglio dire che credo in apertura porte , e se un

femminile sta camminando lungo , sia esso un paziente o membro del personale , ho lasciato

andare attraverso la porta prima . ") e l'importanza del rispetto per

diritti nel loro paesaggio morale è stato notato. (" Le persone disabili

hanno diritti , proprio come le persone normali ... Ho rispettare i loro diritti fondamentali . ")

Di tanto in tanto le ragioni addotte per il rispetto dei diritti hanno mostrato un certo

la consapevolezza del punto di vista di coloro i cui diritti sono stati violati . ma , per la maggior parte del rispetto dei diritti era più una questione governato da regole

che qualcosa di radicato nella consapevolezza della prospettiva altrui .

Ciò che è stato soprattutto mancava era l'atteggiamento profondo di rispetto . per George

Orwell, esecuzione significava un mondo meno e questo ha reso la

erroneità indicibile di tagliare una vita in piena marea. l'assenza

di tutto questo fa parte della superficialità di alcuni degli intervistati '

pensieri sulla pena capitale . (" Mi basta guardare l'Inghilterra . Non c'è

spazi, c'è prigionieri ovunque , non c'è malfattori appesi in giro

e che , e mi sa che se c'era esecuzione poi , più

esecuzione rispetto al normale, penso che sarebbe un mondo più tranquillo per vivere

dentro ")

RISPETTO E RICAMBIO : " NON MOLTO REALE a se stessi " .

Rifiuto , oltre a rendere la gente ha fame di riconoscimento e rispetto

per se stessi , può anche impedire loro di sviluppare il riconoscimento

della vita interiore degli altri motivi che l'atteggiamento profondo

rispetto. E ' plausibile per vedere tutto questo come basati reciprocamente .

Le persone imparano l'atteggiamento profondo del rispetto per gli altri anche attraverso

di essere se stessi rispettati .

Gli altri tipi di relazione possono essere diverse . I soldati che non erano

rispetto dimostrato durante l'infanzia probabilmente imparare a salutare gli ufficiali . ma

può essere ipotizzato che questo tipo di " rispetto" non sopravvisse a lungo

la rimozione della coercizione che impone. L'atteggiamento di profonda

il rispetto , il riconoscimento interno dello status morale di altre persone ,

potrebbe essere necessario un po ' di reciprocità per la sua nascita .

In una fase iniziale del progetto , il dottor Gwen Adshead e io eravamo discutendo le persone che erano in procinto di intervistare . Molti sono i pazienti di

lei . Pensando loro capacità di danneggiare gli altri , mi chiedevo se

le altre persone e le loro vite interiori sembravano completamente reale per loro . lei

pensò il mio dubbio potrebbe essere giusto , ma ha aggiunto , "A volte non sono

molto reale a se stessi " . Al tempo ero incuriosito da questo commento ,

anche se non so cosa significasse . Un possibile collegamento tra una

diminuito senso della realtà di altre persone e di un diminuito senso

della propria realtà di uno potrebbe venire dalle conseguenze dell'infanzia

rifiuto. " Altre persone non sembravano completamente reale per loro " è un modo di

descrive l'assenza di riconoscimento interiore dello status morale

altri. E "non essere molto reale a se stessi " potrebbe designare un altro

conseguenza del rifiuto e umiliazione : il mancato sviluppo di un

forte senso della propria identità e vale il guasto che crea

tale fame di riconoscimento e rispetto .

Una delle caratteristiche elencate in " Fattore One" della lepre psicopatia

Checklist è un "senso grandioso di autostima " . Alcuni di quelli che ho

La gente sembrava intervistati che potrebbero voler dare l'impressione di

essere veramente qualcuno. Ma dietro questo spesso sembrava essere la necessità di

essere qualcuno che reale convinzione. E la frase " non molto

reale per se stessi " spesso sembrava risuonare con cose che hanno detto .

Avete una foto del genere di vita che si vuole condurre quando si

sono fuori ? LF : Non ho mai avuto un momento normale comoda quando

tutto è solido intorno a me , la gente sono solidi intorno a me ,

solo che , proprio semplice , sai cosa voglio dire ? Cosa vuol dire "persone

sono solidi " ? Er , la mia famiglia mi ha deluso , tutti let me down ... Questo è solo un esempio. Mi è venuto fuori e non avevo avuto nessuno per circa 6 mesi , poi

mia mamma , che è uno strano rapporto , ' cos alla fine della giornata lei è

"Mamma " , sai cosa voglio dire, tutto quel genere di cose , e poi dice ,

" Hai fatto davvero bene , penso che si meriti un trattamento " e poi ... ho appena

Non posso, so che non è giusto . Così solo confonde , confondendo . e

Ecco come è stato per lungo tempo .

(Farleigh 11 .)

Qui , essendo solido è di essere qualcuno che può essere fatto valere , di fiducia . il

contrasto con il lasciare qualcuno. Forse sentendo questo tipo di

solidità in altri è parte di ciò che è necessario per sviluppare un senso

della propria solidità e vale la pena .

5 . Identità morale e agenzia .

La maggior parte delle persone , senza usare la frase , hanno un senso della propria morale

identità. Hanno una foto del genere di persona che sono e alcuni

un'idea del tipo di persona che vorrebbe essere . Per la

fortunato o molto soddisfatto di sé , i due si sovrappongono un bel po ' . per

la maggior parte di noi non ci sono lacune.

Non ogni parte del quadro di ciò che siamo come contribuisce al

senso di identità morale . La nostra età, altezza, gli hobby , e le preferenze per

alcuni tipi di cibo , lo sport o la musica di solito sono meno rilevanti rispetto al nostro

foto di quanto siamo onesti , generosi , rispettosi della legge , coraggioso , gentile ,

un buon genitore o un buon amico . Lo stesso vale per il tipo di persona

vorremmo essere . Alcune delle nostre idee su che (essendo una buona

nuotatore o avere una scrivania meno caotica) possono avere poca importanza morale .

E ' solo speranze o desideri incaricati di valori che fanno parte del senso di identità morale .

Tra i principali vincoli morali sono queste foto valore carica di

come siamo o quello che vorremmo essere , e in particolare le idee del

tipo di persona che non vogliamo essere . "Io non sono il tipo di persona che

prende tangenti . "" Non voglio diventare qualcuno che tradisce il suo

amici ".

Identità e agenzia sono collegati . Quello che siamo e quello che facciamo, siamo

intrecciati . Siamo tutti plasmati molto dalle cose al di fuori del nostro controllo . il

tipo di persona che siamo dipende in modo evidente sui geni , genitorialità , l'

cultura si cresce , e da molti altri fattori che noi stessi non ha

scegliere . Ma molte persone svolgono anche un ruolo nel plasmare il tipo di persona

sono. Questa auto- creazione assume forme diverse .

C'è il tipo prevalentemente inconscio di auto- creazione di Aristotele

notato. Noi scegliamo liberamente di agire in un certo modo , e queste azioni

modellare le nostre abitudini . A loro volta , queste abitudini si consolidano in nostro carattere .

Poi ci sono scelte che , di solito involontariamente , forma quello che abbiamo

sono come influenzando il mondo personale in cui viviamo . queste

comprendere le scelte di chi sposarsi o convivere, scelte di che lavoro a

fare e dove vivere , scelte di avere figli , e molti altri

quelli banali . E ci sono progetti coscienti di auto- creazione. molti

persone impegnarsi in queste alla fine minore : l'obiettivo di cambiare ciò che

sono come per perdere peso , per la loro scelta di vestiti o l'acconciatura , da

corsi di formazione assertività o leggendo libri su come fare

amici e influenzare la gente. Alcuni hanno più importante consapevolmente

progetti di auto- creativo che li può impegnare per anni o tutta la vita :

trovando comprensione di sé attraverso la psicoanalisi , diventando un olimpico

atleta, diventare un buon cristiano o musulmano .

Le foto valore carica di noi stessi , come siamo e come potremmo

diventano , avere un'influenza evidente sulla più grande e più consapevole

Le versioni della creazione di sé . Ma possono anche influenzare l'altra

generi , incoraggiando o scoraggiando alcune azioni che possono modellare

abitudini e quindi di carattere , o guidando le nostre scelte di amici ,

partner o posti di lavoro. Per mancanza di tali immagini è quello di aver ridotto i poteri di

auto-creazione , e così a perdere una parte centrale di essere responsabile di

propria vita .

Il senso di sé : superficiali e profonde .

Quanto hanno gli uomini che ho intervistato hanno queste immagini ? alcune risposte

alle domande circa il tipo di persona che vorrebbe essere stati

superficiale , interessata solo con quali competenze , talenti o di lavoro che avrebbero

come .

Pensi che la maggior parte delle persone hanno un'idea del tipo di persona che vogliono

essere? Una delle cose .. gente dice è "Io non voglio essere il tipo

di persona che fa questo genere di cose . Z.C : In alcuni casi , I sorta di

come persone di talento . Vi darò un esempio - Bruce Forsyth . tale

grande intrattenitore , lo sai . Può suonare il pianoforte . Lui può fare tutto

genere di cose . Vorrei essere come lui , di talento .

(Crinos 6 .)

Avete una foto del genere di persona sei ? Avete un

idea di una cosa siete come o cosa vorresti essere?

J.F : so quello che vorrei essere come . Cosa ti piacerebbe essere come ? Mi piacerebbe essere un gangster . Lo faresti ? Perché si vorrebbe essere

un gangster ? Lo farei. Vorrei essere come i gemelli Kray . sarebbe

voi ? Cosa c'è di buono in questo? Non lo so . Ho appena farei. I gemelli Kray

-Back negli anni Sessanta , i gemelli Kray usati per arrestare tutti rapina e

stupri sulla strada e tenuto pulite le strade .. hanno avuto modo di conoscere

celebrità e cose del genere . E hanno dato i soldi in beneficenza .

(FALL 4 .)

Avete una foto del tipo di persona vuoi essere? C.Q : Mi piacerebbe

Desidero essere me stesso , ehm , lavorando in ristoranti , treno per essere un cuoco ,

questo è quello che vorrei essere .. o di lavoro per il Consiglio o la strada

opere , non scavare pavimentazioni stradali .. cose del genere , sai .

(QUIGLEY 4 .)

La superficialità non è solo una questione di menzionare solo posti di lavoro piuttosto

di altre caratteristiche personali di valore - carica. C'è anche la

impressione di non molto pensato alle spalle anche la scelta dei posti di lavoro ideali .

Le scelte di essere un cuoco o facendo lavori stradali non sembrano riflettere

idee circa l'idoneità personale per un tipo di lavoro o il tipo di

soddisfazione essere ricercata in un posto di lavoro . Essi sono più come oggetti tirati a

fuori casuale di un crusca idromassaggio . O, come Penney Lewis ha suggerito a me ,

possano riflettere un desiderio di qualsiasi tipo di lavoro normale piuttosto che un

vita di detenzione in un ospedale sicuro . In entrambi i casi , l'assenza di qualsiasi

riferimento ad un quadro valore di carico suggerisce un debole senso di morale

identità.

Per contro , alcuni hanno dato risposte suggeriscono pensiero sul personale

sviluppo nelle diverse fasi della vita . Un uomo era acutamente consapevole di essendo detenuto da molti anni e quindi non avendo avuto la

opportunità di sviluppare .

Sareste disposti a dire qualcosa circa il tipo di persona che si

pensare che vi erano prima, e il tipo di persona pensi di essere ora ,

cosa c'è in comune e cosa c'è di diverso ? Q.L : Bene fino al mio indice

offesa che mi ha portato in Broadmoor , nel 1971 , ho vissuto fondamentalmente una

livello . Ho lavorato , lavorato sodo , ho una busta paga , incontrai i miei compagni al

fine della settimana , si ubriacava , è andato a pub e discoteche e, talvolta,

lo spettacolo di alcuni piccoli furti , sai. Altre volte , occasionalmente

entrato in una lotta, lotta ubriaco , e che il ciclo si ripete ogni

settimana , per anni , finché un giorno ho ucciso qualcuno e finii in

Broadmoor ... Io sono completamente annoiati della vita istituzionale ... Un giorno è l'

stesso come il prossimo , sai, io sono stufo di tutto ciò che l'

le istituzioni hanno da offrire . Ho bisogno di esperienze della vita di fuori , si

conoscere , sviluppare . Non ho davvero stata data una possibilità, lo sai ... sono

54 anni oggi , sapete , se ero fuori adesso , mi piacerebbe tendo a

associarsi con persone che sono nella loro metà degli anni Venti , che era l'età

Ero rinchiuso in origine , sai ... Ma il guaio è che la gente

nella loro metà degli anni Venti oggi non sono gli stessi come le persone nella loro

metà degli anni Venti , quando ero nella mia metà degli anni venti . Trovo difficile da ottenere su

con il mio gruppo di età . Sapete perché si fatica ad andare avanti con

la tua fascia d'età ? Beh, ho perso su tutto lo sviluppo

stadi , sai , voglio dire le persone hanno , durante il tempo sono stato bloccato

up , le persone hanno avuto queste esperienze , hanno ottenuto sposati , hanno

avuto dei figli , che hanno avuto mutui , hanno avuto vacanze all'estero , automobili, soldi in banca , vacanze. Non ho mai avuto nessuna di queste cose ,

sai.

(LAWLER , 5-6).

Un altro aveva pensieri su sviluppo morale a diversi stadi di

vita e le sue osservazioni anche suggerito un abbastanza profondo senso di morale

identità che ha riconosciuto di essere in conflitto con le sue azioni passate .

BF : Non è possibile avere un'idea di giusto e sbagliato , come un ragazzino . Un sacco

di che coinvolge , una sorta di " non gridare ai vostri genitori " , o " si vuole

mangiare tutto quel cibo prima di andare a letto " o qualcosa del genere , che è un

preparazione di base , ma ... come si passa attraverso l'adolescenza , è inutile . voi

avuto modo di imparare nuove regole ... Quando si dice imparare nuove regole , è vero imparando

regole , o è pensando a ciò che realmente interessa , o quello che è

esso ? ... Io penso che , um , si vede come si vuole adattare in Si impara a

comportarsi in modo appropriato , per mantenere tale posizione . E , ehm quindi penso che ,

er, l' irruenza dell'infanzia deve cedere il passo e magari inizialmente

allora è una questione di regole di apprendimento ... ma che si ferma sempre

cosciente abbastanza presto . Penso che si diventa ciò che si vuole diventare .

Questo sono io , questo è come voglio comportarsi , questo è ciò che la mia coscienza

mi dice perché questo è dove voglio essere . Avete una foto di

come si desidera essere ? Uhm , sì , ho idee di come mi piacerebbe essere in

società e come mi piacerebbe rispondere alle persone . Voglio dire la mia auto . Er ,

Credo che a volte la mia , ehm . Sono stato ignorante , non ho reagito con un

coscienza, per così dire , e mi piacerebbe disfare che in realtà e comportarsi come

una più er, persona umana tutta la circonferenza davvero .

(FELLOWS 4-5 .)

Alcuni hanno dato risposte la cui profondità o superficialità era difficile da classificare.

Avete una foto del tipo di persona che pensi di essere ? se

si dovesse descrivere se stessi ... cosa vorresti dire su di te ?

NB : Um , il tipo di persona che pensa di altre persone prima

Mi ... Mi preoccupo di altre persone prima mi preoccupo di me stesso ... Quindi

che tende a lasciarmi come , molto giù perché tendo a usare tutti, tutti ,

quello che ho dentro di me per dare ad altre persone e mi lascia con

niente. Ehm , ehm , io sto molto bene parlato quando voglio essere . Uhm , io uso l'occhio

contatto quando qualcuno sta parlando a me . Um , e io sono un piacevole , luminoso

persona giovane . Sì. Ho un lato di me dove non mi piace bulli . io

non mi piace bullismo persone. Non mi piace autorità. Poiché , ad un

certa misura , um , non mi piace essere sotto pressione ... mi piace un sacco di

lo spazio intorno a me .

(BLACK 5 .)

Questo conto , mentre il disegno delle caratteristiche di valore carica

rilevante per l'identità morale , ha anche un accenno di superficialità . c'è

un così forte senso di essere un altruista di sacrificio che uno

si chiede quanto pensiero critico e la consapevolezza di sé è andato in

conto . E c'è un pizzico di casualità nei commenti su occhio

contatto , essendo piacevole e di essere ben parlato . Vi è un certo senso di

identità morale espressa , ma in un modo che solleva dubbi

se la consapevolezza di sé è acuto .

Stunting LA CRESCITA DI IDENTITA ' MORALE : colpa e odio di sé .

Ci sono indizi sul perché il senso di identità morale volte

non riesce a sviluppare o si sviluppa solo in forma stentata ? Quando fa un superficiale senso di sé viene? Alcune delle risposte intervista citato

precedenza hanno suggerito che il rispetto viene mostrato è importante per

lo sviluppo di un robusto senso della propria identità. Ma negato

rispetto non è l'unica cosa che frena la crescita di un senso di

auto . Essendo fatto per sentirsi in colpa , sentirsi male su di te , può anche

svolgere un ruolo. Alcuni degli intervistati avevano sperimentato un sacco di colpa.

Che tipo di cose eravate fatti sentire in colpa ? I.I : Well

- Scusarmi - masturbarsi e le cose ... Così si erano fatti sentire in colpa

a tale proposito ? Moltissimo . Ma tu dici che ti ha spinto la colpa su

la tua mente davvero ? Beh, sì . Ho ignorato . Ho scelto di ignorarlo

perché mi ha fatto stare male .

(Ibbott 3 .)

A volte hanno fatto sentire in colpa anche per le cose altrui

aveva fatto per loro.

LJ : Mi odiava per le cose che mia madre ha fatto a me e passo

fratello. Uhm , ho pensato che fosse tutta colpa mia . Che ero quello che

stava facendo il male .

(JACKSON 8 .)

Essendo fatto per odiare se stessi non è certo una buona base per lo sviluppo di un

senso di identità morale . Questo carico di colpa nell'infanzia solleva anche un

domanda circa la "mancanza di colpa" nella foto Cleckley del

psicopatico e che è parte del "Fattore One " nel Hare psicopatia

Checklist . Questo overload di colpa nell'infanzia attutire l'

capacità di sentirsi in colpa più tardi nella vita ? Oppure è l'assenza degli adulti di colpa

più apparente che reale ?

Alcuni hanno ritenuto abbastanza male con se stessi a sentirsi accusato anche per le cose

non hanno fatto .

Ti sei mai sentito in colpa per le cose ? N.B : che faccio, tutto il tempo, sì .

Davvero ? Uhm , se qualcuno prende in un armadietto nella sala da pranzo o qualcuno

scrive qualcosa sulle pareti , e perché nessuno lo sa ... chi l'ha fatto ,

Mi siedo lì sentirsi in colpa , pensando spero non sono tutti guardare

me .

(BLACK 4 .)

Quando gli intervistati hanno parlato se avessero sentito in colpa quando ,

o subito dopo , avevano commesso i loro crimini , hanno dato molto

diversi conti . Alcuni hanno fatto montare l'immagine Cleckley -Hare di avere

essendo senza sensi di colpa . Ma hanno dato diversi conti del perché questo ha avuto

stato così . Alcuni dicono che avevano commesso crimini senza vittime e così

non si sentono male per quello che avevano fatto , ma hanno detto che avrebbero

sentiva in colpa se avessero fatto del male a qualcuno .

Ti sei mai sentito in colpa per qualcosa che hai fatto ? N.B : Um ,

(esitazione) No, no . Tu non sentirsi in colpa per questo ? Non sarebbe

stare male per aver fatto qualcosa ? Suppongo che non mi sento in colpa

perché non ho mai commesso un crimine in cui ho letteralmente colpito

qualcuno, come ho rotto in casa di qualcuno e rubato tutto ...

Perché ho rubato da un palazzo di uffici ... in realtà non è che interessano

chiunque, è solo perché non appartiene a nessuno , non è

sottolineando chiunque fuori . Ma ti importa se hai rubato da una persona

si sapeva ? Vuoi stare male per questo? Vorrei, sì .

(BLACK 4-5 .)

Altri hanno detto che la tendenza a sentirsi colpevole è stato sopraffatto dalla

odio si sentivano .

Alcune persone pensano che il modo in cui la tua coscienza ti dice qualcosa è

sbagliato è che si sente in colpa . Ma altri pensano che ciò che

si sente in colpa per è solo una questione del modo in cui siete stati educati .

O.A : Sì , penso che sia vero per entrambi gli account . Essa dipende dal modo

siete stati educati , quello che ha portato per ... hm ... è ... sì ... I

Cioè, non ho usato per sentirsi in colpa perché avevo troppo odio dentro

mi sento in colpa , contro tutti .

(Addison 4 .)

Altri dicevano sentito un sacco di colpa più tardi , a causa di dover confrontarsi

il dolore che hanno causato , ma ha detto che al momento avevano evitato

colpa mettendo su paraocchi .

Se non hanno reso affatto contenti , hanno ferito altre persone e

ti hanno male , ti hanno fatto male anche perché hanno male altra

le persone e ti senti in colpa ? O.A : Ehm , sì , ma poi , è come ,

la sua , voglio dire, se non si conosce la persona , lo sai cosa voglio dire , è

giustificarlo , bene non giustificarlo , non li vedi . Sì. Voglio dire

Mi ricordo quando mi sono fatto male questo tizio in prigione e sua mamma era in tribunale

e lei piangeva e che , ho sentito , è stato orribile , mi sentivo così

terribile. ' Cos lei era lì e ho potuto vedere quello che stava facendo . ma ,

um , è come una cosa lampeggiante , non si guarda . Quando ti sei comportato

eri , come dici tu , paraocchi , non hai pensa al

conseguenze per le persone? ... Ma i ragazzi quando iniziano a farlo ,

come se si rompono in qualche parte e nick ... devono affrontare le persone , 'cos non c'è niente di peggio che essere umiliato fino alla qualcun

faccia . Voglio dire, nessuno ama questo , è orribile . Quindi non è solo

dispiaciuto per la persona che sta male , è anche sentire la vergogna

su come ... Yeah, Yeah , ma tutto questo , il tutto , è vederli ,

vedendo lo sguardo sui loro volti .

(Addison 13 .)

Alcuni hanno detto di aver sentito in colpa , al momento , ma non era ammesso .

QA : In caso di effetti omicidio, mi sarebbe d'accordo con impiccagione . io

hanno ucciso due volte , due persone , e non lo dimentico mai . L'ho fatto non solo

far loro del male . Mi sono fatto male la loro famiglia mentalmente , non fisicamente ma mentalmente ,

ei loro cari . Li ho portati lontano dalle loro famiglie e

tutto ...

Ti senti in colpa per quello che hai fatto in questi giorni ? Mi sento in colpa

tutto quello che ho fatto . In quei giorni , si sentiva colpevole, ma

non sarebbe ammetterlo ? Sì. Mi sentivo in colpa , ma non vorrei ammetterlo . ero

troppo orgoglioso . Ho usato per andare via e dice : "Ero fuori servizio lì" per

me, ma non vorrei dirlo a nessuno , ma ora devo fare . "

(ASH 5-6 .)

Uno che ha espresso forti sentimenti di colpa ora , ma ha detto che non aveva

sentito in colpa al tempo , era incapace di esprimersi sul perché questo era stato così .

Sul suo conto , nel momento in cui sembra essere stato pieno di conflitti .

Anche se ha negato di aver sentito senso di colpa , ha detto che aveva cercato di fermare e

aveva sentito disgustato con se stesso .

LJ : Allora l'atto di stupro è abbastanza violento , per amore di Cristo , è

sapere. Ma anche quando stavo facendo che ho smesso improvvisamente , lo sai .

Che la , quello che sto facendo qui ? Cosa sta succedendo ? Lo sai . Ho provato a

fare scuse deboli alla donna , stupide scuse ridicole al

donna , lo sai . E li ho guidato fino ad una delle stazioni autostradali

e parcheggiata di fronte a una macchina della polizia , che era seduto lì . E questo è stato

esso . Stavo totalmente disgustato con me stesso . Non ho avuto un accidente

cosa fuori di esso . Voglio dire , sessualmente , ma non ha fatto nulla per me

tutto . Grazie a Dio . Ma ora, penso tra me e me , beh sai , voglio dire ho

cercato di , tutto quello che posso sperare è che , la donna , bene la donna non è

ancora agonizzante su di esso . Speriamo che lei è stata in grado di andare avanti con

sua vita e metterlo da parte. Ovviamente , lei non lo dimenticherò mai . io

non sarebbe dimenticarlo ...

Voglio dire, non è solo il suo colpita , questa è influenzata la sua famiglia e

amici e roba del genere . Queste cose, non pensano . io

non pensare a loro in ogni caso . Faccio ora . Voglio dire , ci momenti è stato quando

Avrei voluto rivederla . Sì. Sai , una sorta di, non scusarti

esattamente, ma una sorta di ... Ti senti un po ' in colpa per questo ? Sì , lo faccio

sentirsi in colpa per questo . Si è sentito in colpa per questo in quei giorni ? voi

dici che sei una persona diversa . Ora sei una persona che si sente in colpa

su questo genere di cose . Si è sentito in colpa in quei giorni su

cose che hai fatto , o non particolarmente ? Non proprio . Perché pensi che

era ? Non lo so. Non ho idea .

(JACKSON 11-12).

Auto-creazione e mancanza di controllo : il lato buono e il lato cattivo .

Alcuni intervistati hanno ritenuto che erano stati molto responsabili della propria vita :

IQ : ho sempre usato per sentire che ci sono tre categorie di persone prigione e questi stabilimenti . C'è il triste , il folle e il male.

Ritengo inoltre che si adatta in uno di quelli , e ho sempre me stessa classe

come il male. Non è la triste , non il pazzo, ma il male ... Voglio dire , ho scelto l'

percorso che ho preso , solo me stesso . Voglio dire , nessuno mi dice Joe , hai

Got a fare questo , devi fare quello " . Ho scelto , quindi davvero la mia

destino come tale fu realizzato da me . Non è stato disposto prima e

disse , "Bene , il tuo destino è quello di finire in Broadmoor in 30 anni

tempo . Voglio dire che effettivamente percorso la strada che mi ha portato qui . Sai ,

nessuno mi ha spinto lungo .

(QUESTOR 13-14).

Ma segnalazioni di molto spesso non sentirsi in controllo sono risultati più frequenti :

JF : A volte nella mia situazione , so che sto facendo male , anche quando

So che dovrei fare a destra . Anche se ho sbagliato , non riesco a fermarlo .

(FALL 6 .)

Sapevi che altre persone sono state odiare qualsiasi cosa fosse . Non l'hai fatto

vogliono sapere. Che dolore stavi proteggendo da ?

II : Quasi succede con me ovunque, ho un psicologico

impressione , i sentimenti non possono essere di destra , ed è solo un senso di impotenza .

E 'una sensazione che porterebbe a una sorta di intensità, che

mi avrebbe spinto oltre il bordo . Non sarei in grado di affrontare .

(Ibbott 4 .)

LF : io non lo faccio, voglio dire so che è quello che dovrei , voglio dire che

non necessariamente farlo io , perché tendo sempre a fare un sacco di

errori e rovinare ... so davvero quando mi guardo indietro a questi

cose , so quello che ho fatto era sbagliato , ma che porta ad esso non mi fare sempre il diritto , non so nemmeno credo , quindi , non credo che ci sia

decisionale lì .

E ti senti tu non sai quello che vuoi? No. Io so quello che voglio ,

e io , che non sembra , ehm , una sorta di realtà . Non sembra come

però , sai , posso arrivarci.

Sembra come se si vuole essere gentile , ma a volte hanno un po '

difficoltà nel controllo ... Sì, lo so , questa è la cosa , so quello che

Mi piacerebbe essere , e so come devo agire, ma tutto sembra andare solo

dalla finestra .

Mi sembra che hai un bel forte senso del giusto e

sbagliato , ma non è sempre facile da applicare nella vostra vita . ma mettere

in pratica , io non sono , io so come stanno le cose , ma non lo faccio , non posso,

Io non sono molto capace di mettere in pratica .

(Farleigh 3 , 5-6 , 9 , 14-15).

Azione in fretta o in un momento di rabbia può prendere la vita di qualcun altro

e rovinare loro .

BF : Succede tutto negli episodi , ma ... anche se siamo in qui per un

ragione su tutto , er la sua non come se ... la ragione ha preso la maggior parte dei

le nostre vite . In ordine di , istanze di un minuto , cinque minuti , al massimo o

qualcosa che ci portano qui .

(Fellows 11 .)

Una riferito prendere decisioni in fretta e poi agire su di essi molto

più tardi, ma senza alcun ulteriore riflessione intervento :

Sono queste decisioni molto affrettate prese in uno stato d'animo di forte emozione ? L.F :

Si ' , anche , le decisioni affrettate che hanno attraversato una sorta di giorni o settimane , lo sai cosa voglio dire ? Si tratta di una decisione affrettata , anche se a volte si

si aspettano una decisione affrettata di essere come , due secondi dopo si va fuori e

farlo , pensi , allora vai a farlo. Ma posso fare una frettolosa

decisione su qualcosa e poi una sorta di farlo due settimane più tardi . D' voi

So cosa voglio dire ? Senza , e non , tra pensando ...

(Farleigh 7-8 .)

Alcuni di questi conti di non essere pienamente in controllo hanno risonanza

fuori da questo gruppo . "So che sto facendo male , anche quando so che dovrebbe

essere facendo bene "è un esperienza più di noi hanno . Ma , nel loro insieme ,

le osservazioni suggeriscono un senso molto più forte del normale di essere

sconfitto in una battaglia interna : " tutto sembra andare solo fuori dalla

finestra " , " non sembra come se io posso arrivare " , una impotenza che

"Mi avrebbe spinto oltre il bordo . Non sarei in grado di affrontare . "Un forte

forma di questo senso di lotta interna e la sconfitta è stato trovato in uno

Intervistato che si vedeva come avere un buono e un lato cattivo , e sega

perdita di controllo come la vittoria del lato cattivo sul bene .

FV : La mia testa è tutto incasinato e ho ottenuto un buon lato di me

che sta parlando a voi ora , e poi c'è un lato cattivo di me , e quando

quel lato viene fuori non mi sento in colpa o nulla .. Quindi , anche se

ci sono due lati di voi , da che parte è il vero te ? Quello che sei

parlando ora . È giusto? Quindi, se ora si potesse uscire il vostro lato cattivo

si dovrebbe farlo ? Già. Perché io sono come un animale . Come ho detto,

attaccare le persone per niente . E quando sei dall'altra parte , sarà lei

scaricare il tuo lato buono ? E 'come una battaglia . Quando ho accoltellato questa ragazza ,

circa dieci minuti prima l'ho fatto , ho avuto questa grande battaglia nel mio testa di andare avanti e avanti -non farlo , farlo , farlo , farlo e così.

E 'andato avanti e alla fine l'ho fatto . Ma dopo che ho fatto , è stato

come un ronzio , sai cosa voglio dire . "Ha risolto la cagna fuori" e roba del genere

così. Vedo - si è ordinato la cagna fuori e ti ha dato un ronzio . così

il lato cattivo piace quel tipo di buzz . Yeah- artisti del calibro collaterali male

violenza di ottenere la mia schiena e cose del genere . Il lato buono -it

vuole solo una vita normale . Ma è come una grande battaglia . A volte mi

perdere, perché ho litigato un paio di settimane fa e il lato cattivo stato

presa in consegna molto e le infermiere vide pure. Ma non pensi

il lato negativo è il vero te , allora ? Da dove proviene ? Io non lo faccio

sapere.

(VERNON 5 .)

E 'tutto molto lontano dal successo di auto- creazione. Eppure alcuni

intervistati stavano usando aiuto psichiatrico nel tentativo di cambiare

stessi . Ma lo sforzo potrebbe sembrare una lotta contro forze immense .

AO : So che alcuni dei pensieri che ho sbagliato e sono alcuni dei

cose che ho pensato e detto e voglio fare sono sbagliate . Quindi so

che sto pensando sbagliato, o fare il male . Che cosa ti fa sentire in colpa

su di esso , o cosa ti fa sapere che è sbagliato ? Non credo che sia

che mi sento così in colpa . E ' più che io non posso farlo fuori la mia mente , per

antipasti . Inizialmente , ovviamente, non andrà via e non riesco a dormire . esso

mi rende inquieto . Si gioca solo nella mia mente ... Mi preoccupa che

alla fine farò queste cose e io non voglio particolarmente

vuole - difficile per me in realtà a dire "no " a loro ... Avete

pensieri di attaccare le persone o di sesso ... Essi comportano sequestro , lo stupro e la violenza , e l'omicidio , quindi ... Se potessi scegliere di non avere

questi pensieri ... Sto cercando di . Questa è una scelta che ho già

fatto , che sto cercando ... Deve essere molto difficile farlo . Già. a

il momento sto cercando castrazione chimica , a lavorare sulle fantasie ,

che farà finita con il sesso e le fantasie omicidio / violenza che

Ho, ma non sta avendo un grande successo con esso .

(ORTI , 4-5).

A volte uno degli intervistati , nonostante il conflitto interiore e

nonostante le cose terribili fatte in passato , ha avuto un assicurato

senso di identità morale : la convinzione che il loro lato buono è stato il vero

persona , anche se in passato era stato occluso .

Tu dici ciò che si desidera . Desiderate guardare dopo la tua mamma .

Puoi anche dire che vorreste avere - dici , stanza di essere me . O.A :

Sì , la camera di essere me . Cosa vuol dire ? O.A : (ride) Cosa fa

significa ? Che ci crediate o no , io sono una persona molto sensibile e amorevole . io

vorrebbe essere in grado di dimostrare a qualcuno che posso amare e prendersi cura di

loro .. Pensi che sei sempre stato molto sensibile e amorevole

persona ? E 'sempre stato lì . Ho appena negato . Ho appena nascosto

essa , diciamo .

(Addison 9 .)

CAPITOLO QUARTO : DUE PROBLEMI DI INTERPRETAZIONE .

Ci sono due problemi metodologici ovvie per queste interviste .

Quanto possono le risposte date alle mie domande saranno accettate come veritiere ?

E, se le interpretazioni di quello che hanno detto è giusto , quanto è

la psicologia descritto speciale per le persone con la loro diagnosi ?

(C'è anche una terza , molto profondo , domanda . C'è un appropriato

atteggiamento di questo gruppo di persone ? Le loro vite tragiche evocano simpatia

un intervistatore . Hanno anche fatto cose spaventose ad altre persone

che non sono presenti per vincere la simpatia . C'è un equilibrio emotivo ,

tra la durezza di ignorare la tristezza propria dei pazienti

vite rovinate e una simpatia sentimentale che cancellano quello che hanno fatto

per gli altri ? Questi problemi saranno accantonati qui fino alla parte del

prenotare on "Disturbo Psichiatrico , controllo e responsabilità" .)

LA QUESTIONE DEL affidabilità.

Centrale sul conto Cleckley dello psicopatico è l'immagine di

qualcuno conning e manipolatore . Questa reputazione si estende a quelli

la categoria più ampia di disturbo antisociale di personalità . Quindi non vi è

un problema metodologico evidente . Le cose possono detto nelle interviste

essere attendibile ?

Normalmente , una decisione sull'opportunità o meno di fidarsi di quello che qualcuno dice attinge

due fonti . C'è una " lettura " intuitiva della persona in

tali indizi contatto con gli occhi , atteggiamento , il tono di voce e la scelta di

parole . E ci possono essere prove indipendenti , sia su ciò che è

detto o sull'affidabilità della persona .

In queste interviste una lettura intuitiva non era sempre facile . in uno

o due casi , ho sentito che il freddo , le risposte impersonali ha dato nessun indizio

sulla loro affidabilità . (A meno che questo tipo di risposta è di per sé un

segno di inaffidabilità , ma che non sembra ovvio .)

Di tanto in tanto , la voce del terapeuta sembrava udibile . seduta

di fronte a un uomo molto duro dall'aspetto , può essere sconcertante per ascoltarlo parlare ora di essere più in contatto con le sue emozioni .

Per la maggior parte ho avuto impressioni intuitive . Ma prima c'era

una barriera a sfondare . Arrivando a Broadmoor , ho un grosso mazzo

di tasti al cancello perimetro chiuso e le porte chiuse sul

modo ai reparti . Arrivando al reparto , vado con l'infermiera . egli chiama

il paziente e ci porta sia alla sala colloqui . Quindi io appaio , come

un carceriere con un mazzo tintinnare di chiavi alla cintura , in compagnia di

qualcuno probabilmente visto come una figura autoritaria . E , rispetto a molti dei

le persone che intervista, il modo in cui parlo possono riflettere le differenze di

classe sociale e l'istruzione . Li può ricordare di incontri passati con

insegnanti, avvocati o giudici.

Cerco di abbattere la barriera , ma ci vuole tempo . Prima di partire ,

l'infermiere può aver detto vivacemente , " Robinson , avete avuto una ricerca

intervista. Entrare nella stanza degli interrogatori . "Quando abbiamo seduti

insieme , io dico: " Il mio nome è Jonathan Glover . Sono felice di essere chiamato

Jonathan . Vuoi che ti chiami signor Robinson o Federico ? "

Di solito la risposta è sulla falsariga di " Fred farà" . il

intervistato ha visto un breve resoconto del progetto , e ha acconsentito

al colloquio . Ma io precisare che io non sono venuto a chiedere informazioni

il suo reato . Sono venuto a chiedere come si pensa

alcune domande sul giusto e sbagliato , e che lui non ha bisogno di

rispondere a tutto ciò che non vuole . Ma finora poco è stato fatto

per ridurre l'altezza della barriera .

Di solito l'atmosfera migliora durante l'ora o giù di lì del

intervista. Chiedo domande in un modo che mi auguro è sia cordiale e rispettoso. In una certa misura sembrano riscaldare a essere chiesto su come

pensano e come vedono le cose . Con la fortuna , si può incontrare che

Mi trovo quello che dicono molto interessante .

Ho messo il mio registratore sul tavolo tra noi e accenderlo .

Perché io sono inetto con queste cose , dopo un minuto o due io dico ,

" Diciamo solo verificare se questa cosa funziona" . A volte , non trovo nulla

ha registrato e poi giocherellare con esso, piuttosto incompetente . il

l'uomo di fronte mi guarda con crescente incredulità e poi dice:

qualcosa come: " No, no , non è così. Qui lascia fare a me " , e poi

organizza come dovrebbe essere . Questo non è qualcosa che potrebbe (o avrebbe

vuole) impostare deliberatamente , ma il suo happening aiuta le cose.

Come la barriera si rompe un po ' , comincio a prendere un po intuitivo

impressione della persona . Ogni tanto mi sembra di sentire una nota stonata in

ciò che viene detto . Quando questo accade di solito è legata ad un senso che

la persona che parla crede , a torto , che per fare una buona impressione

mi può aiutare il suo progresso verso la liberazione . (Se lo fa credere,

è , nonostante le spiegazioni che io non sono attaccato al Broadmoor

personale .)

Ma, per la maggior parte , il contatto con gli occhi , le espressioni del viso e

il tono della voce suggerisce genuinità . Alcuni di quelli che vedo sono abbastanza

difficile arrivare a parlare a qualsiasi lunghezza . Sembrano molto inarticolato , o

il resto sconcertato dalla stranezza novità o apparente delle domande .

Oppure c'è la possibilità che la loro fluidità di parola può avere

atrofizzata nei loro anni di confino . Niente di tutto questo sembra un

posa ingannevole . Ma questi sono una minoranza . La maggior parte degli altri vengono a

sembrano abbastanza soddisfatti di queste domande personali sulla loro

valori e il loro punto di vista , e di come essere ascoltati . essi

spesso over -ride ciò che ho detto circa l' intervista non essendo circa

il loro reato . A volte sembrano ansiosi di discutere , come

se c'è qualcosa che sono desiderosi di esprimere. E spesso , senza

viene chiesto , ci sono cose che sembrano voler riversare su

loro infanzia . Con tutto questo , ciò che a volte si imbatte in un

qualità guidato in quello che dicono . Sembra emotivamente piuttosto

quanto calcolato .

Naturalmente, il brillante ingannevole Cleckley psicopatico potrebbe venire

su come questo . Un pericolo di essere troppo influenzato dal Cleckley

foto del truffatore manipolativo è che potrebbe rendere impossibile

per qualsiasi cosa sempre a contare come prova contro di essa . segni normalmente

suggerendo un bugiardo sono prese per confermare la disonestà , e segni

normalmente suggerendo onestà sono prese per confermare la brillantemente

recitazione manipolativo . Se l'immagine Cleckley è di essere vulnerabile a

eventuali prove contro di essa ci deve essere qualche possibilità di

interpretazione che a volte i segnali suggerendo genuinità a

valore nominale. Siamo tutti di fronte al problema delle altre menti tutto il tempo. noi

tutti "leggere" l'un l'altro , e non si sa mai con assoluta certezza che

ogni lettura particolare è corretta . Ma un sacco di tempo che abbiamo

abbastanza buona ragione per le nostre interpretazioni , nonostante il fatto che

a volte in disaccordo su quando questo è così .

Con le persone che ho intervistato , vi è talvolta indipendente

prove. Un ovvio Cleckley tipo pensiero è sugli account che

ha dato dei loro infanzia disperati . Inventare storie di questo tipo

potrebbe essere un evidente stratagemma per guadagnare simpatia e per scusarsi

dalla responsabilità per i terribili crimini che hanno commesso.

Gli psichiatri che lavorano in Broadmoor , non un gruppo molti avrebbero sospettato di

mentire per migliorare la reputazione dei loro pazienti - hanno detto in una conversazione

che la stragrande maggioranza dei loro pazienti , 80% o più , hanno avuto come

infanzie .

Naturalmente, per gran parte di ciò che dicono non vi è alcun controllo disponibile utilizzando

prove indipendenti . Intuitivamente , le cose dette sembravano per lo più , ma

non sempre originale. Tali interpretazioni sono in una certa misura

soggettiva , e coloro che leggono le risposte citate a volte possono preferire

le loro interpretazioni a quelle suggerite qui .

COME FAR è la psicologia che emerge DISTINTIVO DEL ANTISOCIALE

Disturbo di personalità ?

Per intervistare questi uomini è stato quello di cercare di intravedere le parti del loro interiore

vive a che fare con i loro valori , la morale e la coscienza . Ma , anche se

il quadro qui è più o meno giusto , come diverse sono le loro vite interiori

da quelli di molte altre persone ? È stato suggerito che la loro

includere un comando morale , le idee di equità primitivo, rabbia ,

superficialità di pensiero morale e una concezione di se stessi superficiale ,

una tendenza a mettere su paraocchi , e la costruzione di un muro difensivo

contro essere feriti o umiliati da altre persone . Ma ognuna di queste è

trovato in molti che non hanno diagnosi psichiatrica . Quali sono le

implicazioni per l'utilità del conto che emerge

dalle interviste ? E quali sono le implicazioni per l'utilità della categoria di disturbo antisociale di personalità ?

Prendete una delle caratteristiche apparenti della loro vita interiore . Uno di loro

ha detto , "Tu costruire questo muro difensivo" . Ma è davvero un

risposta distintivo di questo gruppo di persone ? Ted Hughes scrisse

qualcosa in una lettera a suo figlio Nicola, che può trovare un'eco in

molte persone . Ha citato un senso di inadeguatezza persone hanno , il senso

di non avere un ego abbastanza forte per affrontare le tempeste interiori. Ha collegato

questo al bambino vulnerabile ancora dentro ognuno di noi :

"Ognuno cerca di proteggere questa vulnerabile due tre quattro cinque sei

sette otto anni dentro, e di acquisire competenze e attitudini per

affrontare le situazioni che minacciano di sopraffare esso . così

ognuno sviluppa una completa armatura di sé secondario, il artificialmente

essere costruito che si occupa del mondo esterno , e la calca di

circostanze . E quando incontriamo persone questo è ciò che di solito incontriamo ...

Ecco come è in quasi tutti. E quella piccola creatura è

seduto lì , dietro l'armatura , scrutando attraverso le fessure ... Ogni

singola persona è vulnerabile alla sconfitta inattesa in questo intimo

sé emotivo . In qualsiasi momento , dietro il più efficiente adulto apparente

esterno , tutto il mondo dell'infanzia della persona è essere accuratamente

tenuto come un bicchiere d' acqua rigonfiamento sopra la tesa . " (RIFERIMENTO A

CHRISTOPHER REID (ED.) : LETTERE DI TED HUGHES , LONDRA , 2007 PAGINE

513-514 .)

Naturalmente , la testimonianza di Ted Hughes non garantisce che

ognuno sviluppa un muro difensivo : " una completa armatura di secondaria

sé " . Ma, se molti di noi rispondere al suo pensiero con una certa riconoscimento , questo suggerisce che la barriera può essere protetta

molte più persone che hanno la diagnosi di personalità antisociale

disordine. Per scoprire come molte altre persone , e per trovare se la

muro è più comune o è più forte in quelli con diagnosi , avrebbe

bisogno indagine empirica sottile.

Se queste interviste avevano avuto un gruppo di controllo , sarebbe stato

possibile, almeno in linea di principio , per vedere se il muro difensivo era

più comune tra il gruppo Broadmoor . Ma in pratica non ci sarebbe

ancora sono stati difficili problemi di interpretazione . controllo diverso

gruppi potrebbero generare differenti gradi di contrasto , o anche la

differenza tra alcuni contrasto e nessuna. E fino a che punto è la

invisibilità di qualsiasi muro difensivo segno che non esiste ? O quanto

Non mi suggerisce l'abilità con cui la parete stessa può essere

difensiva nascosto ? Alcune di queste possibilità far emergere un

vantaggio di pensare delle persone con disturbi psichiatrici in termini di

posizioni su diverse dimensioni della psicologia umana .

L'approccio " dimensioni " è un'alternativa ad un forte psichiatrica

tradizione influenzato dalla visione di un disturbo medico come tutti o nessuno :

qualcosa che una persona sia ha o non ha . In questo approccio ,

disturbo bipolare o disturbo antisociale di personalità , è una categoria

come parotite , con un chiaro sì - o-no risposta alla domanda se

è presente . Quelli con questi disturbi abitano scatole separate , tagliare

fuori dalle variazioni trovati in persone "normali" . Il punto di vista alternativo è

trovato tra molti psicologi . L'enfasi sulla " dimensione di

personalità ", suggerisce che siamo tutti da qualche parte lungo un continuum tra , per esempio , la stabilità emotiva e depressione maniacale . Su questo punto di vista ,

vi è una certa arbitrarietà nel punto di cut-off per la psichiatrico

disordine.

Questo conto del contrasto ha affilato da qualche semplificazione :

tralasciando le qualifiche che portano i due approcci più vicini alla

vicenda . Ma ci sono reali differenze di enfasi . I sostenitori della

la vista "continuum " può accusare gli altri di fare psichiatrica

i pazienti più alieni di quanto dovrebbero essere . I sostenitori del "tutto o

none " punto di vista può dire " l'approccio continuo " sottovaluta l'

carattere distintivo di disturbi psichiatrici . Come in altre parti del

medicina , ogni approccio può montare alcuni disturbi meglio di altri .

Domande sulla categoria di disturbo antisociale di personalità

rimangono . E 'una categoria utile ? Se lo è, quanto è "separato" , come

contro una questione di essere più avanti vari tipi di continuo ?

La costruzione del muro difensivo è solo una delle caratteristiche che

può essere distintivo . Ma , prendendo questa funzione , se Ted Hughes aveva ragione ,

nella barriera è tutt'altro unico per quelli con questa diagnosi .

Ma , anche se è giusto , essi possono sia costruire un tale muro di più

spesso , o costruire uno più alto e più fortificato .

Queste cose che noi ancora non conosciamo lasciano la questione dello status

della categoria di antisociale di personalità disturbo in aria . il

interviste suggeriscono che ci sono gruppi psicologici che molti di loro

hanno in comune , più che tra le persone in generale. Se questo è vero

della maggior parte delle persone con la diagnosi , questo suggerisce la categoria fa

avere qualcosa da esso . Ma ho anche venuto via con l'impressione che pensare troppo in termini di diagnosi , con tutte le associazioni

derivato dalla tradizione Cleckley , può ottenere nel modo di parlare

loro , di sentire quello che dicono , e di vederle come le persone che

sono .

CAPITOLO CINQUE : SHAKESPEARE VIENE A BROADMOOR .

AMLETO : Ho sentito che le creature colpevoli in un gioco

Avere dalla stessa astuzia della scena

Stato colpito così per l'anima ...

... Il gioco è la cosa

In cui ti raggiungo la coscienza del re .

Il compito di aiutare questo gruppo di persone contenute o troppo grande per loro

impulsi violenti è complessa . La maggior parte di loro sono persone la cui morale e

crescita emotiva è stata stentata. In larga misura , sul proprio

conto , questo era perché erano i bambini che non sono stati amati . molto

del danno non può essere annullata . Niente riporterà il popolo

alcuni di loro uccisi. Niente potrà rimuovere il fisico o psicologico

cicatrici lasciate su quelli hanno attaccato o violentate . E per se stessi ,

nulla potrà cancellare il rifiuto infanzia , seguita dalla società di

rigetto dopo il loro crimine , o il fatto che tanta parte della loro vita

è stato speso in isolamento .

1 . Rilanciare e nutrimento crescita morale ed emotivo.

Ma forse una parte della crescita psicologica stentata può essere fatta rivivere .

Le parti sono rachitici empatia e simpatia . Anche stentata è l'

capacità di spostarsi da superficialità alla profondità . Vi è la necessità , per

esempio , a sviluppare il rispetto per le altre persone che va oltre lasciando donne attraverso la prima porta e altri convenzionali

gentilezza . Hanno anche bisogno di aiuto per costruire una morale coerente

identità, un senso di chi sono che permetterà loro di vivere

fuori nel mondo e di vivere in pace con se stessi .

Alcuni di questi tipi di crescita sono legate , se è giusto che " altro

la gente non essendo molto reale per loro " è legata a " non essere molto

reale a se stessi " . Forse empatia , simpatia e rispetto per gli altri

sono apprese nell'infanzia attraverso la reciprocità : attraverso se stessi

viene mostrato empatia , simpatia e rispetto. E viene mostrato questi stessi

le cose possono essere importanti per la crescita di un senso di identità morale

e il relativo passaggio dalla superficialità a qualcosa di più profondo .

Queste congetture suggeriscono due approcci . Uno è quello di cercare di tirar fuori

risposte emozionali più profondi , che possono anche stimolare loro di riflettere

su se stessi e sui loro valori . Ciò significa raggiungere in profondità

loro, e ci può essere una domanda sul fatto che i risultati giustifichino

l'eventuale disagio coinvolto . La seconda , correlata , strategia consiste

aiutarli a impegnarsi in relazioni che disegnano fuori reciproca emotivo

risposte e rispetto reciproco . Entrambi gli approcci possono attingere qualcosa

molto diverso dal distacco spesso pensato appropriato

professionisti.

" Cercando di far rivivere " , piuttosto che semplicemente " rivivere ", il loro emotivo

la crescita , perché il successo può essere molto limitato . Forse capacità può

atrofia quando i periodi sensibili per il loro sviluppo sono state perse ?

I bambini possono prendere una nuova lingua con un accento perfetto che

adulti di solito trovano molto difficile o impossibile . Esistono chiave simile primi periodi per parti di sviluppo emotivo e morale ? se è così

forse è troppo tardi per fare bene tutto ciò che è stato perso . Ma, proprio

come gli adulti possono ancora imparare le lingue , antipasti fine emotivi possono fare

qualche ritardo da recuperare . L'unico modo per scoprirlo è provare .

2 . IL PROBLEMA " FRIENDS pagato" .

Ciò che è coinvolto in aiutandoli impegnarsi in relazioni? Una domanda

è di quelli che avrebbe dato questo aiuto . Chi sarebbero? Come sarebbe

si misero su di esso , e in quale contesto ? Sarebbero "amici pagati " ,

con la manipolazione e la mancanza di genuinità che implica ? questo dubbio

non è marginale , e forse nessuna strategia o una tecnica sarà completamente

aggirarla . Ma la sperimentazione di vari " non- standard" diverso

approcci psichiatrici possono indicare fino a che punto ogni esito positivo o negativo .

Alcuni approcci , una volta "non- standard" , come la terapia arte e teatro

La terapia , sono ora una parte visibile del mainstream . Anche se vi è una

elemento del amico pagato circa il terapeuta dramma , ci può ancora

essere reali benefici . Peter Brook , nel vuoto , lamenta che , per

molte persone , il teatro e le altre arti non sono una necessità, ma un

optional . Egli contrappone questo con le esigenze dei psichiatrica

in pazienti a volte incontrati dalla terapia dramma . Temi suggeriti dal

pazienti , drammatizzata con l'aiuto del terapeuta , possono attingere sia

chi agisce e chi guarda in problemi parlano tutti

share . Prendendo senza vista sul fatto che questo ti aiuta a trattare il disturbo mentale ,

Brook dice che l'esperienza condivisa cambia leggermente il modo in cui andare avanti con

vicenda . " Al momento di lasciare la stanza , non sono proprio la stessa

quando sono entrati . Se quanto è successo è stato shatteringly disagio , sono rinvigoriti nella stessa misura come se ci fosse

stati grandi scoppi di risa ... semplicemente , alcuni partecipanti sono

temporaneamente , un po ' , più vivo " . (RIFERIMENTO PER LO SPAZIO VUOTO ,

PAGINE 148-150).

L'approccio deve essere descritto qui non è normale terapia dramma . è

dare ai pazienti la possibilità di vedere i giochi potentemente agito che vanno profondamente

in cose che hanno oscurato la loro vita .

3 . SHAKESPEARE CHE GIOCA IN BROADMOOR .

Soprattutto ci rivolgiamo per l'organo ammortizzata , l'immaginazione .

E ' come l'arte del medico , o la cortigiana di . Il medico non può amare

ogni paziente , la cortigiana non può amare ogni cliente. E 'comune

umanità che ti fa andare avanti . In questo senso, ogni attore ha firmato

un giuramento di Ippocrate non scritta .

Simon Callow : Essere un attore .

Più di un decennio prima che le interviste in Broadmoor descritto nella

questo libro , l'ospedale ha ospitato una serie notevole di opere teatrali

spettacoli. Tra il 1989 e il 1991 , la Royal Shakespeare Company ,

il Royal National Theatre e di altri gruppi hanno preso a Broadmoor alcuni dei

Tragedie di Shakespeare : Re Lear , Amleto , Misura per misura e

Romeo e Giulietta . Perché molti di quelli confinati in soggiorno Broadmoor

C'è un lungo periodo di tempo , è probabile che alcune delle persone che ho intervistato

erano nelle udienze . Anche se non , il pubblico saranno inclusi

persone simili a quelli i cui valori e la storia che ho cercato di

schizzo . Queste performance, e la loro accoglienza , suggeriscono alcuni

approcci non convenzionali a coltivare la crescita morale ed emotiva .

Il titolo di questo capitolo è preso in prestito dal titolo di Murray Cox

libro colpisce Shakespeare viene a Broadmoor . (In questo capitolo traggo

enorme su quel libro , così come sul suo altro libro Shakespeare come

Suggeritore .) Murray Cox è stato un consulente psicoterapeuta a Broadmoor .

Si era ritirato alcuni anni prima sono andato lì per le interviste , ma

persone che ci lavorano ancora a volte accesi alla menzione del suo

nome .

Mark Rylance incontrato Murray Cox in un simposio a Stratford . era

attualmente in riproduzione Amleto e , davanti a un caffè , ha suggerito che " sarebbe

bene se potevamo portare Amleto a Broadmoor " . Così Amleto è diventato il

primo della serie di opere rappresentate in ospedale . quasi un

quarto dei pazienti applicata a partecipare. Nonostante la decisione di non

rischiare danni psicologici ai pazienti che potrebbero essere troppo vulnerabile ,

sono stati esclusi nessuno di quelli che hanno fatto domanda . Il pubblico comprendeva anche

alcuni degli infermieri e altro personale . Dopo la performance del cast e

il pubblico si mescolavano e parlato insieme . Pochi mesi dopo Hamlet

vennero Romeo e Giulietta , di essere seguiti da Misura per Misura e

infine Re Lear . Dopo la performance finale alcuni del pubblico

ha scelto di rimanere per un workshop a cui hanno condiviso le loro esperienze

con il cast .

4 . RAGGIUNGIMENTO profondo.

GERTRUDE : Tu turns't i miei occhi nella mia anima .

Entrambi gli psichiatri e gli attori testimoniano il modo in cui i giochi a volte

raggiunto nel profondo dei pazienti .

Rob Ferris , un consulente psichiatra forense , ha detto che l' tentativo psichiatrica per aiutare i pazienti approfondiscono la loro

atti di violenza spesso non riesce . Ma , "Quello che mi colpisce è la potenza del

teatro , il potere della performance per farli , per avvicinarli ,

comunicare con loro " . Ha detto che anni di terapia a volte

hanno poco vantaggio evidente , "Ancora in un solo pomeriggio posso sentire la

potenza di prestazioni che di raggiungerli , e la loro capacità di

rispondere . "

Gli attori sono stati a volte consapevoli della particolare carica emotiva data

per l'occasione semplicemente il suo essere in Broadmoor . Brian Cox, che

giocato Re Lear , espresso questa :

Lear era la produzione di massima dalla parola andare , e la sua vita dipendesse

il suo pubblico . Se fosse un pubblico morto , è stata una prestazione morto

perché non siamo riusciti a resuscitare qualcosa che non c'era. noi

non è riuscito a dare vita a qualcosa che non c'era. In Broadmoor si

non ha avuto quel problema , perché l'intero evento è teatrale. a

giocare a un gruppo di pazienti psichiatrici è una cosa teatrale da fare.

Proprio sentimento degli attori di quello che c'è nei drammi a volte ha dato

loro idee di ciò che la loro performance potrebbe portare ai pazienti .

Brian Cox che si riflette su Re Lear :

Si tratta di morte , si tratta di accettare la vostra fine , accettando che nella mia

inizio è la mia fine ; che si raccoglie ciò che si semina , a meno che non si fanno

modifica velocemente e fare ammenda in termini di se stessi . In realtà è

di trovare la nostra pace , che deve essere per quelle persone tragici

a Broadmoor .

Un paziente ha avuto una risposta che è venuto molto vicino a questa speranza :

Quando Lear è morto ho sentito un opprimente senso di perdita , e le lacrime di guida

le mie guance . Volevo disperatamente di andare oltre e abbracciare il cadavere di Lear .

Ho sentito il senso di unione nella morte tra Lear e le sue figlie .

Anche il senso di pace e di completezza nella morte ...

I giochi si riverberano con la consapevolezza dei pazienti la loro

situazione e della propria storia . Brian Cox notato alcune risposte a

Lear :

Quando ho detto , "C'è una causa in natura che rende queste difficili

cuori ? " una ragazza tristemente scosse la testa da un lato all'altro in modo molto

modo doloroso .

Nella scena della follia , il pubblico rideva , con una particolare qualità di

è che era molto emozionante . Era la linea che inizia , " Che !

Ar't pazzo ? Un uomo può vedere come questo mondo va senza occhi ... Nessuno fa

offendere nessuno dico io , nessuno . "Ed è stato straordinario quando ho detto che

linea .

Quando ho detto : "Oh, mi permetta di non essere pazza" , il modo in cui la frase irradiavano

la stanza era straordinario ...

I pazienti stessi parlavano di collegamenti hanno fatto con la propria vita :

Amleto , la persona potrebbe anche essere stata mia madre , fratello , sorella e

anche solo un amico e come si sono sentiti a imparare che io, la loro

fratello , aveva fatto quello che avevo fatto , quindi ha avuto un sacco di significato ... I

spera che capiate questo .

Nessun risultato rendendo questi collegamenti stimolano la riflessione su se stessi ? la

consulente ha detto Brian Cox che più di un paziente di lei ha detto

cose lungo le linee di , " ho fatto invidia la capacità di Cordelia e il padre di avere un addio ... mi ha fatto riflettere sulla mia

situazione , in particolare prima ho ucciso i miei genitori . "

E alcuni commenti del pubblico suggerito pensieri più profondi e più gravi

rispetto alla convenzionalità superficiale e il comando morale evidente

in alcune delle interviste " socratico " :

Una delle scene coltello mi ha ricordato di un incidente , quando ho minacciato

un ex- fidanzata , e ha portato a casa per me la paura che provava ... semplicemente

perché sentivo paura a guardare lo stesso . Ha inoltre portato a casa per me

come ci complichiamo le nostre miserie attraverso i nostri sentimenti distruttivi di

amarezza e di vendetta ... Se solo potessimo imparare a non agire su

spinte impulsive di vendetta che avrebbero così diminuire la quantità di tragedie

in questa società .

. 5 attori e pubblico : restituire qualcosa .

Per giocare ad un pubblico ampio e simpatico è come cantare in una stanza

con una perfetta acustica . Il pubblico costituisce la spirituale

acustica per noi . Essi restituiscono quello che ricevono da noi come vivere ,

emozioni umane .

Constantin Stanislavski : An Actor prepara .

Un rapporto ha cominciato a svilupparsi tra attori e pubblico .

A volte le cose successe quando erano appena mescolarsi prima o dopo

il gioco . Georgia Slowe (che ha giocato Juliet) ha notato quello che è successo quando

un paziente ha offerto Jenny , che stava giocando la Infermiere , una tazza di caffè :

Si voltò distrattamente assente e lo accarezzò sul braccio : "No, grazie ,

darling " . Ero dietro a guardare l'uomo , ed era la sua espressione

che mi ha colpito , quando questa bella donna materna lo accarezzò e chiamò lui " darling" in modo distratto ; era solo un meraviglioso

espressione. In quel momento mi ha colpito il fatto che avesse avuto Jenny come il suo

madre , non avrebbe mai potuto essere lì ; tutta la sua vita potrebbe avere

stata molto diversa .

Dopo una prestazione Ron Daniels , che ha diretto Amleto , è stato detto da un

paziente, che non era come Shakespeare è stata fatta normalmente :

"No , io so che non è " , dissi , " ma si basa su un'idea centrale di

uno della mia famiglia che aveva schizofrenia e che si è suicidato al

all'età di 23 anni . " Questo paziente , l'uomo mise le braccia intorno a me e abbracciò

me e ha detto " che andrà tutto bene " . Stava guardando dopo il mio dolore e mi

pensò quanto stava accadendo qui non era solo darci , ci è stato

ricezione pure.

Ma soprattutto il rapporto è venuto da condividere l'esperienza del

gioca che tanta risonanza con le vite dei pazienti. Brian Cox

trovato a giocare Lear facile in Broadmoor che altrove :

E 'stata la performance più rilasciando che io abbia mai avuto , perché

improvvisamente aveva un punto ad esso . Perché improvvisamente ho sentito che stavo facendo

ad un gruppo di persone che in realtà capito quello che il dolore di Lear è stato

su ... Sapevano , perché la loro immaginazione erano così acute .

Le prestazioni hanno dato i pazienti la rara opportunità di

reciprocità, di dare qualcosa agli attori , che gli attori

girare apprezzato. Clare Higgins , che ha giocato Gertrude , ha espresso questo :

... Il pubblico sono state rispondendo in un modo che ho a lungo per il pubblico di

rispondere in maniera sentimento e in un modo molto aperto . Come siamo arrivati verso

Alla fine del gioco , ho preso sentimenti da quel pubblico che mai di solito prendere in teatro. Sembravano semplicemente disposti a

attraversare la linea di fase , e per essere parte del gioco : c'era un sacco di

dolore nella stanza , e il dolore e rimpianto , e sembravano essere

spingendo il gioco alla sua conclusione con noi . Ho trovato straordinario ,

perché non credo che molte persone in quella stanza erano intimo con il

giocare, o sapeva come sarebbe andata a finire . Ma sembravano solo a rotolare

con essa , con noi , fino alla fine. E 'stata una sensazione bellissima . Non ho mai

che ha avuto con il pubblico prima , che tutti noi insieme vedevamo

il gioco attraverso .

Mark Rylance ha parlato della sua propria risposta a una interiezione durante

Funerale di Ofelia , una risposta in cui attore e Amleto si fondono :

C'è stato un momento incredibile, quando ho detto a Laerte , "Ho amato Ophelia .

Quarantamila fratelli non potevano con tutta la loro quantità di amore fare

la mia somma . «E uno dei pazienti stavano avanti e disse: " Io credo

voi " . Il mio cuore davvero il magone e le lacrime allagate nei miei occhi , e io

pensato -Oh ho davvero bisogno di qualcuno per dire che ... non mi rendevo conto di quanto

tanto che ho bisogno di essere creduto . " ... Mi sentivo sì, solo una persona come te

avrebbe capito . Forse questo è parte del motivo per cui volevo andare , o

Hamlet in me voleva andare ; la sensazione che la gente avrebbe capito .

Oltre a questo restituendo , c'era anche un certo rispetto reciproco . marchio

Rylance , che ha giocato Amleto , spera che il fatto stesso gli attori dovevano

venire potrebbe inviare un segnale :

Immagino che fosse una cosa di per sé solo a sentire che siamo venuti e

dato che le prestazioni ad essi . Se fossi un posto così e

qualcuno è venuto e ha fatto per me , mi sento che forse c'era qualcosa di buono nelle persone , o che hanno pensato che è valsa la pena .

Un paziente ha detto che l' esperienza condivisa ha portato all'amicizia :

Attori e attrici sono venuti qui come persone sconosciute e lasciare fermo

amici . La ragione di questo ... è che condividiamo una intimità e unicità

che non può mai essere sperimentato altrove.

Avendo ucciso e ci abusato , siamo in grado di comprendere il

follia e la violenza ... in tragedie di Shakespeare , perché è vicino

al nostro cuore . Non abbiamo di indovinare che cosa [è] come per uccidere , mutilare ,

e sentire la disperazione assoluta . La maggior parte di noi sono stati lì noi stessi.

6 . La preoccupazione di inautenticità .

Che dire del problema "friends versati" accennato in precedenza ? c'è

qualcosa di manipolatorio o inautentica deliberatamente utilizzando un

esecuzione di un'opera di Shakespeare per raggiungere le cose in profondità all'interno del

pazienti ? La reciprocità emotiva e rispetto reciproco che ha iniziato a

crescere fuori della condivisione profonda conteggio esperienza contro questo .

In anticipo alcuni degli attori si preoccupava di essere manipolativa o

paternalistico . Mark Rylance ha espresso questo :

Ero molto spaventata che avrei li paternalistico ... Sai , che

potrebbe pensare , bene , chi sono questi attori che vengono qui fingendo di essere

pazzo o fingendo di uccidere o violentare e per entrare in quel posto

dove sono effettivamente stati e dove ho effettivamente subito tutto questo

dolore a causa di essere lì . Ho improvvisamente avuto molta paura di quello che

Stavo facendo . Che diritto avevo di venire qui e di ritrarre le cose come

questo a persone che forse aveva sperimentato queste cose nella loro

vite ?

Ma questa consapevolezza si è fatta di autenticità :

... Che sensazione è come un fuoco che bruciava via qualsiasi eccesso di ego e di tutti

i trucchi si dovrebbe contare , e ho sentito che devo essere assolutamente

onesti qui . L' Amleto deve essere assolutamente acido , onesta ... E 'stato uno dei

quei meravigliosi momenti che mi inseguono per tutto il tempo , quando si

senti un conduttore e qualcosa sta arrivando attraverso di voi , piuttosto

che si sta facendo nulla . E non mi sentivo che avevo giocato l'

parte a tutti . Sentivo hanno giocato . Qualcosa collettiva è venuto attraverso

me , attraverso le parole . C'era molto poco " facendo " ; il "fare " ha ottenuto

bruciato lontano e c'era più essere ...

Ad un certo punto egli pronunciò le parole " nefandezze salirà , se tutti i

terra li o'erwhelm , agli occhi degli uomini " :

Ho detto questa linea per un uomo che non conoscevo , ma chi mi aveva guardato

con tanta chiarezza , con nient'altro che uno sguardo assolutamente diritto . esso

appena sentito subito come se ci fosse un gruppo molto sensibile di persone

lì , che si doveva percorrere con molta attenzione e non l'abuso , non prendere

vantaggio , basta dare loro come semplicemente come si poteva .

Più o meno lo stesso pensiero ispirato suonare di Rebecca Saire di Ophelia :

Di solito una parte di me si trova da un lato , a giudicare me stesso e l'

la risposta del pubblico a quello che sto facendo . A Broadmoor , ho scoperto che

parte dell'osservatore di me risucchiato dentro Di fronte a tanta verità in

rispetto delle persone che si esibivano di fronte , inconsciamente I

capito che avevo bisogno al 100 % della mia verità per rispondere . Era come se mi

stava giocando Ophelia per la prima volta .

7 . AIUTARE persone Eliminare il paraocchi e fare alcune crepe nel muro .

Le voci indicati sono solo alcuni da un pubblico contenente

quasi un quarto dei pazienti di Broadmoor . Quindi ci sono anche suscettibili di

sono stati alcuni che hanno risposto meno .

C'è tutta una psicologia in attesa di essere tracciato del perché alcune persone

che hanno fatto cose terribili sono più raggiungibili di altri . nella sua

l'autobiografia fuori di me , Antony Sher descrive parlando con due

assassini , rilasciato dopo il carcere , come parte della preparazione per giocare

Macbeth . One ("Mark") era stata una persona dedita di gioco e ucciso il suo migliore

amico piuttosto che ammettere di aver giocato i soldi per l'elettricità

disegno di legge. Era sensibile in un modo che suggeriva "no strato esterno di

pelle " , crudo , tremante , nervoso , ossessionato dal suo delitto , e che ha visto

si è poi come "Alone . Nudo nel mondo . Sempre . "L'altro

(" Jimmy ") era "un uomo duro di Glasgow , cresciuto sulla criminalità " . aveva

ucciso un informatore sospetto . "Se Jimmy non era stato preso , percepisci

non avrebbe dato un secondo pensiero . " Si ricorda a malapena il suo

crimine, ma risente tutto di carcere. Ognuno di essi venuti a vedere

Macbeth . Mark non gli piaceva e voleva Macbeth stesso era stato più

eroica . Jimmy uscì dopo il gioco senza dire nulla . Antony Sher

Scrissi , "Temo il peggio di nuovo . Poi ricevo una lettera. in inciampando

Frasi dice ripetutamente come muoveva era. " (Sher, PAGINE 336-559).

Potrebbe sembrare strano che il gioco ha raggiunto , non l'uomo sensibile greggio

senza pelle esterna , ma l' uomo duro . Forse durezza è l'

tragedie muro difensivo , e di Shakespeare a volte raggiungono il

persona vulnerabile sbirciando attraverso le fessure ?

Le voci di rispondere dopo le prestazioni Broadmoor sono molteplici sufficiente a dimostrare che alcuni pazienti hanno " dare indietro quello che ricevono

da noi come vivere emozioni umane " . E ' difficile non vedere i segni di

crescita emotiva rivivere nel modo in cui i giochi hanno raggiunto al loro interno di

evocare sentimenti e riflessioni , e in quello che il pubblico ha dato indietro a

gli attori .

Il progetto è stato un nuovo modello di come aiutare le persone il cui mondo era

intravisto nelle interviste " socratici " . Quel mondo è limitante . essi

sono bloccati in una morale stretta e rigida della retribuzione , convention

e autorità. Di primo piano nel loro mondo sono emotiva di rifiuto , mancanza

del riconoscimento , paraocchi e il muro difensivo. The Shakespeare

prestazioni possono avere iniziato per raggiungere " l'organo ammortizzata , l'

immaginazione " . Forse hanno fatto il parto un po 'meno opprimente

e un po 'più facile per fuggire .

Ma il modello ha limiti evidenti . Non ogni ospedale psichiatrico

può contare su attori , e certamente non di questa qualità . e che cosa

succede quando sono andati ? Quattro giochi possono dare un contributo , ma

sarebbe ottimismo selvaggio a pensare che basta per trasformare la vita di qualcuno

tondo , anche quando i giochi sono da Shakespeare e sono agito da

migliori professionisti . Il progetto è citato qui come particolarmente

impressionante, ma ancora come uno fra gli altri , non come una bacchetta magica .

Vi è la necessità per molti approcci non standard per rilanciare morale e

crescita emotiva . La maggior parte di loro non avrà tutto quello che ha fatto il

Shakespeare progetto un successo . Ma vale la pena ricordare qualche chiave

caratteristiche . I soggetti hanno mostrato rispetto dei pazienti da loro

disponibilità a svolgere per loro. Attori e pubblico hanno discusso la

gioca a parità di condizioni , rendendo per qualche reciprocità. Non tutto era

organizzata. Contatto in parti incoerenti di tempo non pianificato portato ad alcuni dei

momenti migliori : l'attore dire "no , grazie, cara ", come lei accarezzava

braccio del paziente , e abbraccio del paziente quando Ron Daniels menzionato

suo figlio. (Erving Goffman , nei manicomi , ha detto che " la nostra posizione è sostenuta

dagli edifici solidi del mondo , mentre il senso di personale

identità spesso risiede nelle crepe " .)

Forse due cose contano più . La scelta di Shakespeare

tragedie , commedie non più leggeri e meno importanti , significava andare in profondità . e

Non importava che i pazienti hanno avuto la possibilità di dare qualcosa in cambio .

Dovrebbe essere possibile inventare altri progetti che vanno in profondità . e

reciprocità dovrebbe essere possibile anche. Ted Hughes può essere giusto che la maggior parte

di noi sbirciare attraverso le fessure delle nostre difese. Se è così , forse quelli di

noi con quelli di noi senza " disturbo antisociale di personalità " può

aiutare ogni altri fori sfondare le mura difensive .